근현대 전쟁으로 읽는
지정학적 세계사

근현대 전쟁_{으로}_{읽는} 지정학적 세계사

근현대 전쟁^{으로}^{읽는} 지정학적 세계사

강대국들은 더 좋은 영토를 위해 어떻게 전쟁을 했는가?

다카하시 요이치 지음 ★ 김정환 옮김

시그마북스
Sigma Books

근현대 전쟁으로 읽는 지정학적 세계사

발행일 2022년 12월 1일 초판 1쇄 발행
지은이 다카하시 요이치
옮긴이 김정환
발행인 강학경
발행처 시그마북스
마케팅 정제용
에디터 최연정, 최윤정
디자인 강경희, 김문배

등록번호 제10-965호
주소 서울특별시 영등포구 양평로 22길 21 선유도코오롱디지털타워 A402호
전자우편 sigma@spress.co.kr
홈페이지 http://www.sigmabooks.co.kr
전화 (02) 2062-5288~9
팩시밀리 (02) 323-4197
ISBN 979-11-6862-085-8 (03900)

* 시그마북스는 (주)시그마프레스의 단행본 브랜드입니다.

왜 중국은 지금 센카쿠 열도(댜오위다오)와 스프래틀리 군도(난사 군도)에 집착하고 있을까? 왜 러시아는 예나 지금이나 서구 국가들과 친하게 지내려 하지 않는 것일까? 어떻게 미국은 자신만만하게 자국의 논리를 내세울 수 있는 것일까? 그리고 우리는 이러한 나라들을 어떻게 상대하고, 세계의 외교 무대에서 어떻게 처신해야 할까?

이러한 질문에 금방 대답할 수 있는 관점이 한 가지 있다. 그것은 그 국가나 지역이 놓인 '지리적 조건'을 바탕으로 생각해 본다는 관점이다. 『근현대 전쟁으로 읽는 지정학적 세계사』라는 제목의 이 책은 지리적 조건을 바탕으로 세계의 전쟁사를 대략적으로 살펴봄으로써 독자들이 국제 뉴스의 '심층부'를 파악할 수 있는 능력을 손에 넣도록 도울 것이다.

출판사의 담당 편집자로부터 "지정학 입문서를 써주셨으면 합니다"라는 참으로 막연한 의뢰를 받았는데, 어쨌든 그것을 한 권의 책으로 만들고자 내용을 협의하려면 '애초에 지정학이란 무엇인가?'라는 부분부터 설명할 필요가 있었다.

지정학이란 무엇일까? 본문에서 자세히 이야기하겠지만, 한마디로 말하면 지정학은 '세계에서 일어난 전쟁의 역사를 아는 것'이다. 지구상의 어떤 위치에 자리해 어떤 지리적 위기에 노출되면서, 혹은 어떤 지리적 이점을 누리면서 발전해 왔는지를 아는 것이다.

한 나라의 위기의식이나 전략적 사고는 지리적 조건에 따라 하나부터 열까지 전부 달라진다. 그 나라의 성격, 흔히 '국민성'이라고 부르는 것 역시 그 근간에 지리적 조건이 크게 관여하고 있다고 해도 과언이 아니다. 그리고 이러한 위기의식이나 전략적 사고가 눈에 보이는 형태로 나타나는 것이 바로 전쟁이다. 자국이 놓인 지리적 조건에 따라 그 나라의 생존이나 발전을 건 야심이 싹트고 그것이 계기가 되어 전쟁이 일어난다. 모든 전쟁에는 지리적 조건에 따른 각국 나름의 '절실한 사정'이 얽혀 있다. 그런 전쟁의 역사를 아는 것이 지정학이며, 이 관점에서 세계를 바라보는 것이 세계의 심층부를 파악할 수 있는 능력으로 이어진다.

지금 자신이 있는 곳에서 세계를 바라보는 것만으로는 우물 안 개구리에서 벗어날 수 없다. 한편 지정학적으로 각국의 동향을 파악해 보면 각 나라가 안고 있는 불가피한 사정도 보이게 된다. 그러면 우물 안 개구리에서 벗어나 더 넓은 관점에서 대국적으로 생각할 수 있게 된다. 이것이야말로 진정한 글로벌 사고다. 그리고 이 나라가 앞으로 어떻게 처신해야 할지에 관한 전략은 이런 진정한 글로벌 사고에 입각해서 생각할수록 더 정확해진다.

이 책에서는 '중국'과 '러시아', '유럽', '미국'으로 지구본을 크게 4분할해 세계의 전쟁사를 살펴본다. 역사학적으로 보면 건너뛰는 부분도 많아서 너무 대략적이라는 말이 나올지도 모른다. 그러나 이 책의 목적은 역사를 구석구석까지 돌아보면서 역사 마니아 수준의 지식을 얻는 것이 아니다. 지식은 현대를 살아가기 위한 지혜로 활용될 때 비로소 몸에 익히는 의미가 있다. 그래서 세계사를 개략적으로 다룸으로써 지금 알아둬야 할 대략적인 틀을 그려내고 그 안에 현대를 살아가기 위한 지혜가 될 지식을 담으려 노력했다.

이 책은 중·고등학교에서 배운 세계사 가운데 전쟁만을 발췌한 것이다. 그러니 중·고등학생 시절을 회상하는 느낌으로 읽기 바란다. 이과 출신인 필자가 뜬금없이 무슨 역사 이야기를 하느냐고 의아하게 생각하는 사람도 있을지 모르는데, 사실 필자는 중·고등학생 시절부터 역사를 좋아했다. 다만 그 공부법이 남들과는 조금 달랐던 것도 같다. 먼저 역사 연표를 외우고 그와 함께 역사 지도를 머릿속에 담아 나름대로 정리한 다음에 문장을 읽었다. 각 장의 첫머리에 연표가 나오는 등 조금은 특이한 이 책의 구성은 그런 필자의 공부법을 응용한 결과물이다(참고로 필자는 경제 전문가이지만 미국의 대학에서 공부할 때의 전공은 국제정치였다. 여러 매체에 경제와 비슷한 비중으로 외교에 관한 글도 쓰고 있는데, 당연한 말이지만 외교와 지정학은 깊은 관계가 있다). 그런 부분도 즐겨줬으면 한다. 이 책이 우물 안 개구리에서 벗어나 진정으로 글로벌한 시점에서 지금 자신이 살고 있는 세계의 모습을 올곧게, 날카롭게 파악하는 계기가 된다면 기쁠 것이다.

다카하시 요이치

차례

제1장

더 좋은, 더 넓은 영토를 둘러싼 전쟁의 역사 **지정학**

지정학이란 무엇인가

강을 거슬러 올라가라. 바다를 건너라

지정학(지리의 정치학)이란 '지리적인 조건이 한 나라의 정치나 군사, 경제에 끼치는 영향을 생각하는 학문'이다. 이것을 한마디로 정의하면 '세계에서 일어난 전쟁의 역사를 아는 것'이 된다. 지리적인 조건이란 영토나 그 주변 지역을 뜻한다. 영토에는 그것을 빼앗기 위한 국가와 국가의 싸움, 즉 전쟁이 따르기 마련이다. 그러므로 지정학은 곧 전쟁의 역사를 배우는 학문이라고 할 수 있다.

필자가 대장성(현재의 재무성)에 배속되었을 때 제일 먼저 배운 것은 '강을 거슬러 올라가라. 바다를 건너라'라는 사고방식이었다. '강을 거슬러 올라가라'는 '역사를 되돌아보며 생각하라'는 뜻이다. '바다를 건너라'는 '해외의 사례를 참조하라'라는 의미다. 지정학은 이 '강을 거슬러 올라가라', '바다를 건너라'라는 사고방식을 전쟁에 적용해 실천하는 것이라고도 할 수 있다.

태초의 인류로 거슬러 올라가면 '국가'라는 개념 따위는 있지도 않았다. 물론 '국경' 같은 것도 없었다. 그런데 언제부터인가 인간은 집단으로 나뉘어 행동하게 되었고, 이른바 동족의식적인 유대도 싹텄다. 그리고 '여기부터 여기까지는 우리 땅'이라는 영토 의식이 생겨났으며, 때로는 토지를 둘러싸고 싸움을 벌이게 되었다. 아마도 이와 같은 원시적인 사회 발전 끝에 '국가'라는 것이 탄생했을 것이다. 이윽고 인간은 민족이나 국가라는 단위로 정체성을 갖게 되었고, 자신이 소속된 민족이나 국가의 이익을 위해 행동하는 군주나 정치가도 생겨났다.

문화인류학은 필자의 전공이 아니므로 어떤 경위에서 인간이 사회를 형성하기에 이르렀는지는 생략하겠다. 다만 국가나 국경 혹은 민족이라는 단위로 일어난 전쟁의 역사를 머릿속에 담아두는 것이 현대를 살아가기 위한 지혜로 직결됨은 분명하다.

역사는 우연의 산물이 아니다. 기묘하게 일어난 사건이 영향을 끼친 경우도 있겠지만, 역사의 배경에는 예외 없이 국가의 속셈이나 의도, 좀 더 적나라하게 말하면 야심이 존재했다. 세계사는 그런 국가의 속셈, 의도, 야심이 복잡하게 얽히고 맞부딪히면서 만들어져 왔다.

이렇게 말하면 역사 애호가를 자처하는 사람은 '전쟁 속의 장대한 드라마'를 떠올릴지도 모르지만 그런 정서는 오히려 방해물이 된다. 자세한 역사 지식도 그다지 필요 없다. 필요한 것은 "연도와 사건만 알면 충분해"라고 말할 만큼 사실관계만을 냉철하게 파악하는 자세, 그리고 '대략적인 흐름을 파악한다'라는 대략적인 관점이다. 감정을 개입시키지 않고 세계에서 일어난 전쟁을 대국적인 관점에서 다시 바라보면 왜 세계가 지금과 같은 형태가 되었는지 쉽게 이해할 수 있다.

그리고 이때 중요한 요소가 '지리적 조건'이다. 국가의 야심이란 바로 '영토와 관련된 야심'이며, 전쟁은 영토, 즉 '더 넓은, 더 좋은 영토'를 둘러싸고 일어났기 때문이다. 단적인 예를 들면, 만약 일본이 유라시아 대륙과 매우 가까운 위치에 있는 섬나라가 아니었다면 일본의 역사는 지금과 완전히 다른 역사가 되었을 것이다. 만약 한반도가 유라시아 대륙에 붙어 있지 않았다면 한국의 외교는 지금과 전혀 달랐을 것이다. 그밖에 '현재의 중국은 왜 특히 태평양을 향한 야심을 드러내고 있는가?', '왜 러시아는 크림 반도에 집착하는가?', '왜 미국은 세계의 경찰이었는가?', '왜 유럽은 EU(유럽연합)라는 공동체가 되었는가?' 같은 의문도 전부 지정학적인 관점에서 바라보면 이해할 수 있다. 또한 항상 그런 관점으로 세상을 바라보는 습관을 들이면 앞으로 세계가 어떻게 움직일지, 우리는 어떻게 처신해야 할지 등을 안정적인 사고력으로 생각할 수 있다.

땅을 둘러싼 힘겨루기

실제로 총알이 날아다니지는 않더라도 이 세계에서는 국가와 국가 간에 지정학적 힘겨루기가 끊임없이 벌어지고 있다. 그 일례가 과거에 소련이 붕괴되어 러시아가 되었을 때 그전까지 소련의 완충국(강대국 사이에 위치해 충돌의 위험성을 완화하는 약소국-옮긴이)으로 기능했던 동유럽 국가들이 일제히 EU와 NATO(북대서양조약기구)에 가입한 것이다. 이것은 소련이 붕괴되어 서방 국가와 동구권 국가 사이를 가로막았던 '철의 장막'이 걷히면서 그곳으로 서방 국가의 영향력이 흘러들어 간 결과라고 할 수 있다. 요컨대 과거에 소련의 영향권이었던 곳으로 서유럽이 밀고 들어간 것이다.

최근의 사례를 들면, 미국과 중국의 관계는 그야말로 힘겨루기라고 할 수 있다. 오랫동안 미국은 세계의 경찰을 자임하며 항상 세계 안보의 축이 되어왔다. 그런데 2013년 9월 10일, 오바마 대통령은 당시 최대의 현안 중 하나였던 시리아 문제에 관한 텔레비전 연설에서 "미국은 세계의 경찰이 아닙니다"라고 말했다. 요컨대 "지금까지 돈과 인력을 쏟아부어 가며 세계 안보의 중심에 서왔지만, 앞으로는 한 발 물러서겠다"고 선언한 셈이다. 미국이 발을 뺐다. 그렇다면 어느 나라가 이것을 호기好機로 생각할까?

소련 시대에 미국과 치열하게 경쟁했던 러시아가 제일 먼저 떠오를지도 모르지만 러시아보다 더 노골적으로 야심을 드러낸 나라는 중국이다. 현재 중국은 바다로 진출하기 위해 엄청난 노력을 쏟아붓고 있다. 귀속 문제로 오랫동안 타이완과 신경전을 벌이고 있고 센카쿠 열도(댜오위다오)를 핵심적 이익으로 규정해 일본과 갈등을 빚고 있을 뿐만 아니라 남중국해의 스프래틀리 군도(난사 군도)를 매립해 활주로 등을 건설함으로써 베트남과 필리핀을 압박하고 있다. 중국답다면 중국다운 억지스러운 방법으로 바다에 거점을 세우기 시작한 것이다.

2013년 3월, 시진핑이 중국의 국가 주석이 되었다. 시진핑은 국가 주석으로 취임하기 전부터 '중화 민족의 위대한 부흥'을 외친 인물로, 2012년에 국가 부주석으로서 처음 미국을 방문했을 때는 〈워싱턴포스트〉 인터뷰에서 '중국과 미국이 태평양을 양분한다'는 야심을 은근히 드러낸 바 있다. 2013년 6월에 국가 주석의 자격으로 미국을 다시 방문했을 때는 오바마 대통령에게 "태평양에는 양국(미국과 중국)을 받아들일 충분한 공간이 있다"고 말함으로써 그 야심을 노골적으로 드러냈다.

상대가 물러서면 자신은 밀어붙이는 것이 국제 정치의 상도常道이다. 국가 주석에 취임한 지 얼마 되지 않은 시점에 미국이 "세계의 경찰을 그만두겠다"고 선언하자 시진핑은 기세가 등등해졌다. 그리고 이것은 2014년에 스프래틀리 군도(난사 군도)의 매립 공사를 숨길 생각도 없이 빠르게 완공시키게 된 커다란 계기가 되었다. 아무리 중국이 강대국이라 해도 위협적인 군사력을 보유한 미국이 세계의 경찰을 자임하고 있을 때는 섣불리 행동할 수 없었지만 미국이 소극적 자세를 보이자마자 노골적으로 밀어붙였다고 보는 편이 자연스러울 것이다.

국제사회는 '얕보느냐, 얕보이느냐'의 세계이기도 하다. "전쟁을 바라지 않는다"라는 말로 미군의 이라크 철수를 표명한 오바마는 이 결정으로 높은 평가를 받았다. 그러나 아이러니하게도 그 협조 노선, 온건 노선 때문에 중국에 얕보이게 되었다고 보는 관점도 있다.

최대 동맹국인 미국의 대통령이 보이는 자세는 일본의 안보에 직접적인 영향을 끼친다. '얕보느냐, 얕보이느냐'라는 측면에서 생각하면 찬반이 갈리기는 해도 조지 워커 부시 전 대통령의 강경 자세가 안보에 더 효과적으로 기능했다고 할 수 있다. 부시가 시작한 전쟁은 모두 세계적인 비판을 받았다. 이라크 전쟁에 이르러서는 단순한 트집, 어떻게 보면 조작된 정보를 구실로 전쟁을 일으켰다는 시각도 있다. 실제로 미국이 이라크를 침공한 이유였던 대량살상 무기는 끝내 발견되지 않았다.

다만 한 발 물러섰다고 간주된 순간 물어뜯기게 되는 국제사회에서 '유사시에 실제로 행동할 수 있는가?'라는 관점으로 바라본다면 어떨까? 가령 부시가 이란과 이라크뿐만 아니라 북한까지 묶어서 '악의 축'으로 지목한 것은 사실 일본의 안보에도 큰 도움이 되었다고 할 수 있다. 물론 북한은 그 후에도 강경 자세를 버리지 않았지만 미국, 그것도 말로만 경고하는 것이 아니라 실제로 행동에 옮기는 부시의 표적이 된 북한 때문에 손해를 보고 싶지 않았던 중국이 북한과 거리를 두게 되었기 때문이다.

이와 같이 국제 정치의 무대에서는 서로의 실력과 행동을 살피고 '상대가 물러서면 나는 밀어붙이는' 식의 힘겨루기가 끊임없이 벌어지고 있다. 모든 나라가 서로 균등한 힘으로 밀어붙여서 균형이 유지되는 동안에는 별다른 일이 일어나지 않는다. 그러나 일단 어느 한쪽이 물러서면 상대는 더욱 밀어붙인다. 약점이나 틈이 보이면 단숨에 물어뜯는다. 자국이 아무리 부전不戰을 맹세해도 그렇지 않은 나라가 존재한다면 대항책을 마련할 수밖에 없는 경우도 당연히 있다. 이것이 지금까지 반복되어 온 국제 정치의 상식임을 먼저 머릿속에 담아두기 바란다.

해양 국가가 패권을 잡는다
엄밀히는 지정학이 아닌 해정학

지리적 조건이 국가의 동향을 좌우한다. 이것이 지정학의 전제다. 다만 좀 더 엄밀히 말한다면, 특히 근대 이후로 한정한다면 육지보다 바다가 더 중요하다. 바다를 차지한 해양 국가가 패권을 잡는다고 말해도 과언이 아닐 것이다.

해양 기술의 발전을 통해 유럽에서 힘을 키운 나라들은 점차 외양外洋으로 눈을 돌렸다. 바다 건너편에는 아직 발견되지 않은 풍요로운 땅이 있고, 그 땅을 종속시켜 자신들에게 유리한 조건으로 무역을 하면 더욱 번영할 수 있다고 생각한 것이다. 바다를 건너서 타국으로 진출하기 위해서는 바다를 제패해야 한다. '더 좋은, 더 넓은 영토를 둘러싼 힘겨루기'의 무대가 육지에서 바다로 이동한 것이다.

일례로 19세기 중반부터 20세기 초의 영국은 산업혁명에 따른 생산력 증강과 식민지 정책을 통해 다른 유럽 국가들을 압도하고 있었다. 독주 상태의 영국에 도전하는 국가는 없었으며, 덕분에 결과적으로 큰 전쟁이 일어나지 않는 비교적 평화로운 세계가 유지되었다. 그래서 이 시대를 과거에 로마 제국이 지중해 세계를 석권했던 시대의 호칭인 팍스 로마나(로마가 가져온 평화)에 빗대 팍스 브리태니카라고 부른다(그림 1-1).

강성했던 당시의 영국을 뒷받침한 것은 앞서 말한 바와 같이 생산력과 식민지 정책이며, 그중에서 대규모 식민지 정책을 가능케 한 것은 발군의 해군력이었다. 영국은 바다를 제패하고 인도를 비롯해 바다 건너편의 국가들을 지배함으로써 패권 국가가 되었던 것이다. 그런데 점차 제국주의적인 확장을 추진해 나가는 영국에 불만을 품은 나라들이 나타났다. 그 대표적인 국가가 독일이었다. 이러한 갈등은 결국 제1차 세계대전을 낳았으며, 그 결과 팍스 브리태니카는 막을 내렸다.

바다를 제패함으로써 패권 국가가 된 사례는 또 있다. 바로 미국이다(그림 1-2). 대서양과 태평양 사이에 위치하며 미국과 국경을 맞대고 있는 국가는 멕시코와 캐나다뿐이다. 아메리카 대륙이 거대한 탓에 간과하기 쉬운데, 사실 미국도 어떤 의미에서는 해양 국가인 것이다. 아메리카 대륙은 말하자면 대해 사이에 있는 거대한 섬이기에 미국은 자국의 북쪽(캐나다)과 남쪽(멕시코)만 자국의 영향력 아래에 두면 안전하다. 실제로 유럽에서는 대규모 전쟁이 반복되었고 제2차 세계대전 당시는

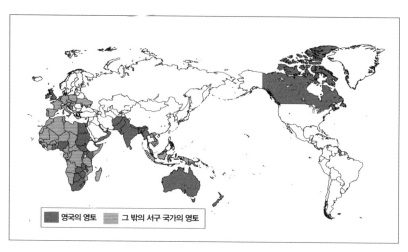

그림 1-1 팍스 브리태니카(제1차 세계대전 직전의 영국령과 영국 식민지)

태평양까지도 전쟁에 휘말렸지만 미국 본토에서 내전 이외의 전쟁이 벌어진 적은 지금까지 단 한 번도 없었다.

또한 미국은 독립전쟁과 미영전쟁 등 복잡한 배경을 안고 있으면서도 영국과 오랫동안 협력관계를 유지하고 있다. 여기에 제2차 세계대전 후에는 일본과 동맹을 맺고 NATO의 창설에 관여함으로써 서유럽 국가들과도 동맹관계가 되는 등 전 세계적으로 동맹을 맺었다.

이와 같이 아메리카 대륙을 장악하는 가운데 대서양과 태평양 건너편의 국가들과 강한 결속관계를 맺음으로써 미국은 양쪽 대양을 제패하게 된다. 냉전 시대에는 소련과 양극兩極을 형성했지만, 1991년에 소

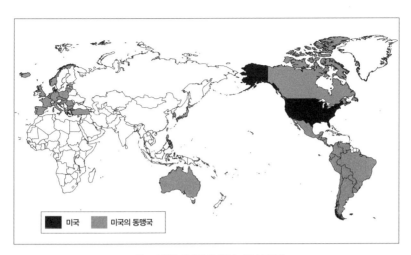

그림 1-2 팍스 아메리카나(현재 미국의 동맹국)

런이 붕괴되자 미국의 일극—極 시대가 시작되었다. 미국 또한 세계 최강
으로 평가받는 강대한 군사력을 배경으로 바다를 제패함으로써 패권
국가가 된 것이다.

왜 전쟁이 벌어지는가

지금은 그나마 나은 평화의 시대인가

지금까지 수많은 전쟁이 벌어진 이유는 사람들이 더 넓은, 더 좋은 영토를 원했기 때문이다. 그러나 이제 세계의 추세는 부전不戰으로 향하고 있다. 즉, 적극적으로 전쟁을 해서 영토를 빼앗기보다 전쟁을 피하려 하는 역학이 작용하기 시작했다. 그 이유는 무엇일까? 전쟁에 질린 인류가 좀 더 현명해져서 전쟁을 피하고 공존공영을 지향하게 되었기 때문이라고 할 수 있다. 이렇게 말해도 의문은 남을 것이다. 과연 지금은 과거보다 평화로운 시대일까? 만약 그렇다면 인류는 어떻게 현명해져서 어떻게 전쟁을 피하고 공존공영을 지향하게 되었을까?

인류가 벌여온 전쟁의 역사를 정리한 『우리 본성의 선한 천사』(스티븐 핑커 지음)라는 책이 있다. 여기에는 땅을 빼앗기 위해 인간이 저질러온 수많은 잔학 행위와 대량 살육이 소개되어 있는데, 그중에서도 눈

순위	사유	세기	사망자	사망자 (20세기 중반의 인구로 보정)	인구 보정 후의 순위
1	제2차 세계대전	20	5,500만 명	5,500만 명	9
2	마오쩌둥(주로 정책이 원인이 된 아사)	20	4,000만 명	4,000만 명	11
3	몽골 제국의 정복	13	4,000만 명	2억 7,800만 명	2
4	안사의 난	8	3,600만 명	4억 2,900만 명	1
5	명나라 멸망	17	2,500만 명	1억 1,200만 명	4
6	태평천국의 난	19	2,000만 명	4,000만 명	10
7	아메리카 원주민 말살	15~19	2,000만 명	9,200만 명	7
8	스탈린	20	2,000만 명	2,000만 명	15
9	중동 노예무역	7~19	1,900만 명	1억 3,200만 명	3
10	대서양 노예무역	15~19	1,800만 명	8,300만 명	8
11	티무르 제국	14~15	1,700만 명	1억 명	6
12	영국령 인도(대부분은 막을 수 있었던 아사)	19	1,700만 명	3,500만 명	12
13	제1차 세계대전	20	1,500만 명	1,500만 명	16
14	러시아 내전	20	900만 명	900만 명	20
15	로마 멸망	3~5	800만 명	1억 500만 명	5
16	콩고 자유국	19~20	800만 명	1,200만 명	18
17	30년 전쟁	17	700만 명	3,200만 명	13
18	러시아 동란	16~17	500만 명	2,300만 명	14
19	나폴레옹 전쟁	19	400만 명	1,100만 명	19
20	중국 국공내전	20	300만 명	300만 명	21
21	위그노 전쟁	16	300만 명	1,400만 명	17

(자료) 『우리 본성의 선한 천사』

표 1-1 전쟁 및 동란으로 인한 사망자 수

길을 끄는 것은 인류가 일으켜온 전쟁을 사망자가 많은 순서대로 나열한 도표(표 1-1)였다.

이 도표에서 주목해야 할 부분은 저자가 사망자를 20세기 중반의 인구에 대한 수로 보정해서 순위를 다시 매겼다는 점이다. 요컨대 총인구라는 '분모'를 같은 조건으로 만들어서 사망자 수를 비교한 것이다. 절대수를 기준으로 삼을 경우 사망자를 가장 많이 낸 전쟁은 제2차 세계대전이다. 그러나 보정 후의 순위를 보면 1위는 중국의 당나라 때(8세기)에 일어난 '안사의 난'으로, 실제 사망자 수 3,600만 명은 인구를 보정할 경우 4억 2,900만 명으로 환산된다. 그다음은 몽골 제국의 정복 전쟁(13세기. 보정 시 사망자 수 2억 7,800만 명)이며, 중동 노예무역(7~19세기. 보정 시 사망자 수 1억 3,200만 명), 명나라 멸망(17세기. 보정 시 사망자 수 1억 1,200만 명)이 그 뒤를 잇는다. 분모를 통일하면 그 전쟁으로 치른 희생을 같은 조건에서 비교할 수 있다. 그러면 사망자의 절대수를 기준으로 삼았을 때 1위였던 제2차 세계대전은 9위로 내려가며, 제1차 세계대전은 16위(절대수로는 13위)가 된다.

핑커가 그저 재미 삼아서 사망자의 수로 전쟁의 순위를 매긴 것은 아니다. 인류가 일으켜온 전쟁이라는 어리석은 행위 가운데 사망자를 가장 많이 낸 21건 중 14건, 즉 3분의 2는 19세기 이전에 일어난 것이다. 또한 인구 대비로 사망자 수를 보정하면 상위 8건을 전부 19세기 이전의 전쟁이 차지하게 된다. 이러한 점에 주목한 핑커는 지금까지 전쟁을 일으키고 온갖 잔혹한 짓을 저질러왔던 인류가 20세기 이후로는 훨씬 평화적이 되었다고 지적했다.

민주적 평화론

민주주의 국가끼리는 전쟁하지 않는다

앞에서 이야기했듯이 데이터에 입각해서 보면 인류는 20세기에 들어와 훨씬 평화적이 되었다. 그래서 등장한 것이 민주적 평화론이다. 간단히 말해 '민주주의 국가끼리는 전쟁을 하지 않는다'라는 국제 정치 이론으로, 필자가 미국 프린스턴 대학에서 공부할 때 은사였던 마이클 도일 교수가 현대에 부활시킨 이 이론은 현재 국제정치론이나 국제관계론에서 가장 법칙다운 법칙으로 간주되고 있다. 원래는 칸트(1724~1804)의 『영구평화론』이 기원이 된 이론인데, 다수의 학자에게 검증받아 왔다. 핑커도 그중 한 명이다. 앞서 소개한 저서에서 핑커는 몇몇 학자를 인용하면서 민주적 평화론에 관해 깊게 고찰했다.

그렇다면 지금의 세계에 비추어봤을 때 과연 민주적 평화론이 옳다고 말할 수 있을까? 물론 '민주주의 국가끼리는 절대 전쟁을 하지 않는다'라고는 말할 수 없다. 그러나 '민주국가는 독재국가에 비해 전쟁을 일으킬 가능성이 절대적으로 낮다'라고는 말할 수 있다. 민주주의라는 정치 시스템은 근본적으로 전쟁과 궁합이 맞지 않기 때문이다.

핑커도 지적한 사실이지만, 민주주의 국가에서는 개인의 가치가 국가의 가치보다 우선한다. 즉, 한 나라의 지도자가 자신의 욕심이나 명예를 위해 자국민을 동원해 타국을 공격하는 독단전행이 일어나기 어려운 정치 시스템인 것이다.

민주주의라는 사회 통념 아래에서 국가를 움직이는 정치가는 국민 개인을 위한 정치를 해야 한다. 다시 말해 국민 개인을 위험에 빠뜨려서는 안 된다. 즉, 가급적 전쟁을 피하기 위해 방책을 강구하는 것이 정치가의 소임이 되었다고 할 수 있다. 전쟁을 피하고 타국과 원만히 지내려면 여러 가지 가능성을 생각해야 한다. 이를 위해 생각이 다른 복수의 정당에서 민중의 손에 선출된 정치가들이 모여 대화를 통해 국가의 방침을 결정한다. 그곳에는 이기적인 욕망을 이루려 하는 절대군주도, 균형을 잃은 내셔널리즘을 내세우는 독재자도 없다. 설령 호전적인 정치가나 군부 지도자가 있다 해도 몇 단계에 걸쳐 브레이크가 작동하게 된다.

또한 개인의 가치가 높아짐에 따라 민중 또한 당연한 권리를 가지고, 마음에 들지 않는 일에 목소리를 높이게 되었다. 기본적으로는 선거를 통한 정치 참여이지만 때로는 시위라는 형태로 나타나기도 한다. 그리고 핑커는 민주주의 국가의 경우 군부조차도 '가급적 전쟁을 피한다'라는 국가의 기본 자세에서 영향을 받아 과거에 비하면 훨씬 덜 호전적이 되었다고 지적했다. 이와 같이 민주주의 국가에서는 개인의 가치가 높아짐에 따라 이른바 전쟁 억제 효과가 정치가와 민중, 그리고 군부에 이르기까지 삼중으로 작용하고 있는 것이다.

20세기에 들어와 인류는 이전과 비교하면 그래도 조금은 평화적이 되었다. 이것은 민주주의라는 정치 시스템이 성장해 정착되고 있기 때문이다. 영토를 빼앗는 것이 아니라 서로 가진 것을 대등하게 교환(자유 무역)하게 되었다는 의미에서 현대의 평화를 자본주의적 평화, 자유주의적 평화라고 부르는 학자도 있다.

어쨌든 개인의 가치가 높아지고 자유와 권리가 존중되는 국가는 전쟁을 일으킬 가능성이 낮다고 할 수 있다. 국토와 국민을 무의미하게 소모하지 않고 함께 번영하는 길을 모색하게 되었다는 의미에서는 분명히 인류가 조금 현명해졌다고 해도 무방할 것이다.

물론 이런 민주적 평화론에 대한 반론도 있다. 그 필두는 '영국과 아르헨티나는 모두 민주주의 국가이면서도 포클랜드 전쟁을 일으켰지 않은가?'라는 것이다. 그러나 이것은 아르헨티나에 대한 지식이 부족한 탓에 나오는 주장이다. 포클랜드 전쟁이 발생했을 당시 아르헨티나에는 군부 정권이 들어서 있었다. 내셔널리즘에 사로잡힌 갈티에리(1926~2003) 대통령이 포클랜드의 귀속 문제를 꺼내들며 육군을 상륙시켰기 때문에 영국이 육군과 해군을 파견해 탈환한 것이다.

이 포클랜드 전쟁이 말해 주듯이, 민주주의 국가에 비해 독재국가는 전쟁을 일으키기가 훨씬 쉽다고 할 수 있다. 또 이것은 다른 관점에서 보면 당시의 대처(1925~2013) 총리가 '얕보느냐, 얕보이느냐'의 세계정세 속에서 지체 없이 반격을 가한 사례이기도 하다.

민주주의는 기본적으로 대화를 통해 문제를 해결하는 정치 시스템이며, 이 정치 시스템을 공유하는 나라끼리는 기본적으로 대화로 해결하는 관계를 맺고 있다. 그런데 독재국가에서는 이것이 통용되지 않는다. 독재국가에서는 개인의 가치가 낮고 독재자나 특정 정당의 독단으로 국가의 방침이 결정된다. 국가 지도자가 "이웃 나라와 전쟁을 해서 영토를 빼앗자"라고 말하면 아무도 반대하지 못하는 것이다.

제2장

넓은 바다를 간절히 원하는 **중국의 지정학**

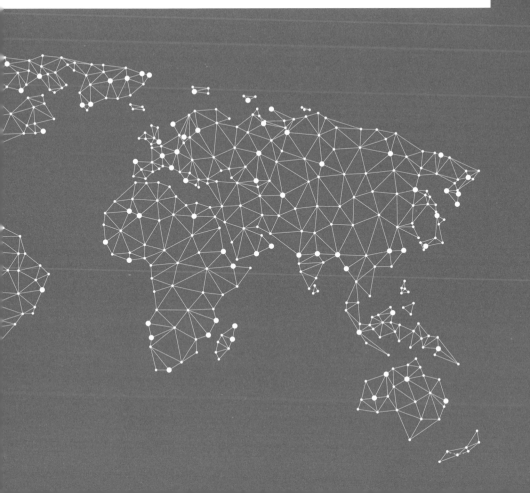

중국의 눈으로 본 세계
내륙도 지배하면서 태평양으로 진출하고 싶다

중국의 영토가 지금과 같은 형태가 되기까지는 실로 기나긴 역사가 있었다. 군웅할거의 춘추전국 시대를 거쳐 진秦의 시황제가 최초로 천하를 통일한 이래 한족漢族이 주로 중국 대륙을 지배해 왔다. 한족은 자신들이 주변의 다른 민족보다 훨씬 우수하다고 생각했고, 여기에서 탄생한 것이 지금까지도 중국 문화나 중국인들의 마음속에 이어져 내려오는 중화사상이다. 이 중화사상을 기반으로 한족은 주변의 다른 민족에 대해 상하관계를 명확히 하는 책봉·조공 체제를 만들어냈다.

이후에도 많은 왕조가 흥망성쇠를 반복했고 17세기 중엽, 한족의 명나라가 멸망하고 그 뒤를 이어 만주족이 중심이 된 청나라가 세워졌다. 이 시기에 이르자 직할령, 조공국 등을 포함한 세력은 러시아 국경 부근의 헤이룽 강 유역에서부터 조선, 류큐(현재 일본의 오키나와현 일대에

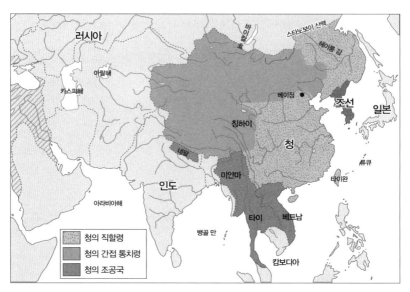

그림 2-1 청의 세력

있었던 왕국-옮긴이), 타이완, 베트남, 타이, 미얀마, 네팔, 티베트, 몽골까지
확대되었다(그림 2-1). 또한 포르투갈, 스페인, 네덜란드, 영국과의 교역도
활발해지면서 은이 대량으로 유입되어 경제적 번영도 얻었다. 이때가
중국이 가장 번영했던 전성기다.

　　청이 세력을 확대한 모습을 살펴보면 청의 황제가 먼저 제압하고
싶었던 곳은 내륙부였음을 알 수 있다. 조선, 류큐, 타이완, 베트남 등
연안부와 섬으로도 세력을 확대하기는 했지만 타이완을 제외하면 조
공국이었다. 한편 그보다 더 강한 영향력을 미치는 직할령이나 간접 통

치령은 내륙 쪽으로 확대되었다. 그 후 중국은 서구 열강의 반식민지 시대, 청일전쟁, 신해혁명, 제1차 세계대전, 제2차 세계대전 등을 거쳐 지금의 형태가 된다.

청 이후의 중국은 여러 전쟁을 거쳐오면서 앞으로는 내륙이 아니라 바다로 진출하자고 생각하게 되었다. 현재 중국이 타이완이나 센카쿠 열도(댜오위다오)에 지나칠 정도로 집착하고 스프래틀리 군도(난사 군도)에 거점을 구축하고자 혈안이 되어 있는 것도 그 너머의 태평양으로 진출할 교두보를 만들기 위해서다.

요컨대 중국은 과거의 영국이나 지금의 미국이 해양 국가로서 세계 패권을 차지했듯이 내륙 국가라는 기존의 성격을 바꿔서라도 바다로 진출해 패권 국가가 되려고 하고 있는 것이다.

태평양 양분론까지 넌지시 언급하고 있는 중국의 시진핑 주석은 명확하게 그리고 구체적으로 중국이라는 내륙 국가를 해양 국가로 전환시키겠다고 공언하고 있는 첫 번째 국가 주석이라고 할 수 있다.

바다를 둘러싼 최근의 이러한 움직임을 이해하기 위해서는 먼저 아편전쟁까지 거슬러 올라가 그 이후 중국이 걸어온 전쟁의 역사를 대략적으로 되돌아볼 필요가 있다. 그러면 왜 지금 중국이 어떻게 해서든 바다로 진출하려 하는지 그 나름의 사정도 보이게 될 것이다.

· 중국의 주요 전쟁사 1840년 ~ ·

1840년 　　　　　아편전쟁

영국과 청(중국) 사이에서 발발. 청이 영국에 패해 홍콩을 할양. 광대한 영지를 통치해 온 청이 열강이라는 새로운 위협에 직면해 반식민지화되는 쓰라린 역사의 막을 연 전쟁

1856년 　　　　　애로호 전쟁

제2차 아편전쟁이라고도 부른다. 프랑스가 영국과 함께 청과 싸웠다. 프랑스의 베트남 식민지화의 첫걸음이 된 전쟁

1884년 　　　　　청불전쟁

베트남에 대한 프랑스의 종주권을 청이 인정하지 않아 발발. 전쟁에서 패한 청은 베트남의 종주권을 손에 넣지 못했고, 그 결과 조공국을 하나 잃게 되었다.

1894년 　　　　　청일전쟁

청과 일본 사이에서 발발. 당시 신흥국이었던 일본에 패함으로써 청이 본격적으로 열강의 식민지가 되는 직접적인 계기로 작용한 전쟁. 청이 쌓아 올렸던 책봉·조공 체제와 동아시아의 질서가 붕괴되었다.

1912년 　　　　　중화민국 건국

1911년에 신해혁명이 일어난 뒤 중화민국 건국. 쑨원이 임시 대총통이 되었다. 청조는 이를 진압하려 했지만 결국 쓰러졌다.

1914년 　　　　　제1차 세계대전

산둥의 이권을 쥐고 있었던 독일이 패배함에 따라 반환을 요구했지만 인정받지 못했다(산둥은 일본에 넘어갔다).

※제1차 세계대전 후의 중국은 쑨원이 결성한 중국국민당과 마오쩌둥이 결성한 중국공산당의 공동 투쟁(국공합작)과 대립의 역사

1924년   제1차 국공 합작

국내의 군벌과 열강의 제국주의의 타도가 공통 목적. 그 후 결렬되어 1931년부터는 격렬한 내전에 돌입

1936년   제2차 국공 합작

일본에 맞서기 위해 연합

1939년   제2차 세계대전

열강의 동남아시아 식민지 지배 시대가 단계적으로 종료. 동남아시아의 국가들은 구舊 종주국의 영향이 짙게 남아 있는 부분도 있지만 종전 후 수년에서 30년 사이에 독립

1946년   국민당과 공산당의 내전

1949년에 마오쩌둥이 중화인민공화국 건국을 선언. 장제스의 중화민국 정부는 타이완으로 도망쳤다.

1950년   한국전쟁

처음에는 남한과 북한의 전쟁이었지만, 실질적으로는 한반도를 무대로 한 미국과 중국의 대리 전쟁으로 변모했다. 밀고 밀리는 공방전을 펼치다 1953년 7월에 휴전 협정이 성립. 어디까지나 '휴전'이기에 정의상으로는 종결되지 않았다.

1979년   중국-베트남 전쟁

냉전 구도 속에서 캄보디아를 침공한 베트남에 대한 보복 조치로 중국이 베트남을 공격한 전쟁

1984년   중국-베트남 국경 분쟁

중국-베트남 전쟁에서 발전. 중국의 선제공격으로 시작되어 4월, 6월, 7월의 세 차례에 걸쳐 충돌. 중국이 승리해 10년에 걸쳐 분쟁 지대를 점령했다. 1988년에는 스프래틀리 군도(난사 군도)를 둘러싸고 중국이 다시 베트남과 무력 충돌을 일으켰다. 이번에도 중국이 승리해 해당 지역의 암초를 실효 지배했다.

아편전쟁
영국에 패해 홍콩을 할양하다

명이 멸망한 뒤 광대한 면적을 지배하고 주위의 다른 민족들까지 영향력 아래에 둔 청에게 서구 열강의 기세 따위는 아무런 문제도 되지 않을 것 같았다. 그러나 18세기 중반에 영국의 동인도 회사(무역을 목적으로 만든 영국 왕실 직할 회사)의 대중국 무역이 급증하면서 수상한 그림자가 드리우기 시작했다. 영국은 자국의 공업 제품을 더 많이 팔기 위해 중국과의 자유 무역을 원했지만, 먼 옛날부터 중화사상에 입각해 타국으로부터 조공을 받는 데 익숙했던 청은 강경한 자세를 견지하며 무역 제한을 풀어주려 하지 않았다.

아편전쟁은 1840년에 영국과 청 사이에서 발발해 2년 동안 계속된 전쟁이다. 그 이름처럼 아편 무역을 둘러싼 전쟁이었는데, 그 배경에는 아시아에 일대 거점을 구축하려는 영국의 야심이 있었다. 그런데 아편 무역과 시장 확대에 무슨 관계가 있는 것일까? 애초에 물자가 풍요로웠던 청은 물건을 수입할 필요성이 거의 없었고, 그런 청을 상대로 지속적인 이익을 내기 위해서는 청의 국민을 마약 중독에 빠뜨리는 것밖에 방법이 없었기 때문이다.

이렇게 해서 청으로 하여금 아편 수입량을 늘리게 함으로써 청 전역의 시장을 개방시키고 중요한 무역항에 대한 자유로운 출입권을 손에 넣는 것이 영국의 진짜 목적이었다. 아편 수출은 이를 위한 포석이었던 것이다.

여기에서 기억해 둬야 할 포인트는 삼각 무역이다. 무역은 보통 두 나라 사이에서 진행되지만, A국과 B국의 무역에서 A국의 무역 적자가 계속될 경우 A국은 세 번째 나라인 C국과 B국의 무역을 통해 무역 적자를 해소하려 한다. 이것이 삼각 무역의 포인트다. A국의 이익을 위해 멋대로 C국을 개입시키는 것이므로 당연히 C국은 A국이 시키는 대로 하는 나라, 즉 식민지가 된다.

그렇다면 당시 영국과 인도, 청 사이의 무역 구도는 어떠했을까? 삼각 무역 이야기에 입각해 대략적으로 설명하면 다음과 같다(그림 2-2).

영국은 자국에서 생산되는 면제품 등을 식민지인 인도로 수출해 흑자를 내고 있었다. 한편으로 청으로부터는 차 등을 다량으로 수입했는데, 이미 이야기했듯이 청에 대한 수출은 증가하지 않았기 때문에

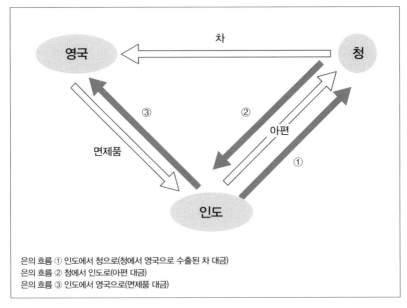

은의 흐름 ① 인도에서 청으로(청에서 영국으로 수출된 차 대금)
은의 흐름 ② 청에서 인도로(아편 대금)
은의 흐름 ③ 인도에서 영국으로(면제품 대금)

그림 2-2 삼각 무역

대청 무역은 적자를 면치 못했다.

이 무렵의 무역 통화는 은이었기에 무역의 중계 지점인 인도에서 다량의 은이 청으로 흘러들어 갔다. 그러자 한 가지 계책을 생각해 낸 영국은 청에 지급할 은 대신 인도에서 제조한 아편을 청으로 가지고 갔다. 이렇게 해서 청으로 유입된 아편은 순식간에 국내에 확산되었고, 아편 수입량이 급증했다.

그러자 이번에는 아편 대금으로 청에서 인도로 은이 유입되었고,

인도가 영국에서 면제품 등을 수입함에 따라 그 은은 다시 영국으로 흘러들어 갔다. 영국의 대인도 무역은 원래 흑자(인도가 영국으로부터 다량의 물품을 구입했다는 뜻)였으므로 청에서 인도로 은이 유입되기만 하면 그 은은 필연적으로 무역을 통해 영국으로 건너가게 되어 있었다. 요컨대 영국은 청 국민들을 아편 중독에 빠뜨림으로써 청으로 유출했던 은을 인도를 거쳐 회수하려 한 것이다.

당연히 청으로서는 이 삼각 무역이 최대의 문젯거리였다. 아편 때문에 청 국내는 점차 혼란에 빠져들었다. 첫째는 내정의 혼란이었다. 아편의 수입을 엄격히 금지해야 한다는 반대파 관료와 수입을 통해 발생하는 관세를 이유로 들어 아편 수입을 허용해야 한다는 허용파 관료가 격렬히 대립한 것이다.

당연히 경제도 혼란에 빠졌다. 그전까지는 차 등을 대량으로 영국에 수출함으로써 무역에서 우위를 유지해 왔다. 그런데 아편 밀수입을 통해 대량의 은이 인도로, 그리고 영국으로 유출되어 버렸다. 앞에서도 이야기했듯이 이것이야말로 영국의 노림수였는데, 그 결과 청의 경제는 크게 기울게 되었다.

경제적으로 곤궁해지면 사회도 당연히 피폐해진다. 저소득층, 빈곤층에서는 아편 중독자가 계속 증가했고, 사회는 점점 황폐해져 갔다. 이렇게 해서 정치, 경제, 사회가 모두 혼란에 빠짐에 따라 청의 국력은 확실히 저하되었다.

이런 상황 속에서 청의 조정도 드디어 혼란의 원흉인 아편을 엄중히 단속하기 위해 움직이기 시작했다. 1839년, 광저우에 파견된 특사 임칙서(林則徐, 1785~1850)가 아편 엄금령을 시행하고 대량의 아편을 폐기한 것이다. 그리고 일반적인 통상도 금지했다.

그러자 영국은 이것을 빌미로 삼아 무력을 통해 중국과의 무역 문제에 돌파구를 열고자 청을 공격했고(1840년), 청은 유럽 최강의 군사력을 자랑하는 영국에 굴복할 수밖에 없었다. 패배한 청은 영국과 난징 조약을 체결하고 5개 항구의 개항(원래는 광저우 한 곳이었다)과 홍콩의 할양에 동의해야 했다.

그중에서도 후대까지 커다란 영향을 끼친 것이 홍콩의 할양이다. 지도(그림 2-3)를 봐도 알 수 있듯이, 홍콩은 동남아시아로 접근하기에 그보다 좋을 수 없는 지리적 조건을 갖추고 있다. 이윽고 홍콩은 아시아 전역의 무역, 금융의 중심지가 되었으며, 영국은 아시아에서의 지위를 확고히 할 수 있었다. 그리고 영국의 홍콩 지배는 그 후 1997년에 반환되기 전까지 무려 150년 이상 계속되었다.

또 당시 서구 열강은 하나같이 아프리카나 아시아의 국가들을 식민지로 만들어 자원과 노동력, 새로운 시장을 획득하고자 경쟁을 벌이고 있었다. 아편전쟁 이후 청은 무역량이 증가함에 따라 급속히 발전하

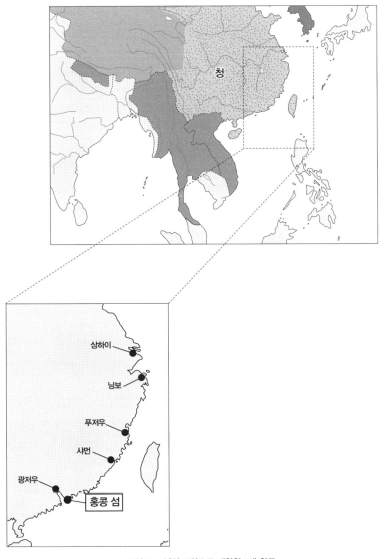

그림 2-3 난징 조약으로 개항한 5개 항구

지만 한편으로는 이 일을 계기로 미국, 프랑스 등과도 불평등 조약을 맺게 된다. 아편전쟁은 광대한 영토를 통치해 온 청이 열강이라는 새로운 위협에 직면해 반식민지화되는 쓰라린 역사의 막을 연 전쟁이었던 것이다.

청불전쟁

베트남을 둘러싸고 프랑스와 전쟁을 벌였으나 패하다

아편전쟁의 패배로 청의 국력이 일거에 약화된 가운데, 프랑스는 청의 조공국인 베트남(당시는 응우옌 왕조 시대)에 대한 야심을 드러냈다. 18세기 후반의 카르나타카 전쟁에서 영국에 패함에 따라 사실상 프랑스령 인도에서 물러나게 되었기 때문에 인도차이나 반도로 눈을 돌린 것이다.

1858년, 프랑스의 나폴레옹 3세(1808~1873)는 크리스트교도를 박해했다는 이유로 스페인군과 함께 베트남을 침공했다. 이것이 청불전쟁의 전 단계가 된 코친차이나 전쟁이다. 분명히 베트남은 아시아에서 급속히 진행되고 있었던 열강의 식민지 지배에 대해 강경한 자세를 취하고 있었으며, 크리스트교를 금지하고 선교사 몇 명을 처형한 경위가 있었다. 다만 이 전쟁은 그와 동시에 나폴레옹 3세가 국내의 인기를 높이기 위해 추진한 인도차이나 출병의 일환이기도 했다.

시실 프랑스는 1856년에 제2차 아편전쟁이라고도 부르는 애로호 전쟁이 발발함에 따라 영국과 함께 청과도 싸우고 있었는데, 1860년에 애로호 전쟁이 종결되자 베트남으로 병력을 집중해 베트남 남부를 제압했다. 그리고 1862년, 프랑스와 스페인은 사이공 조약을 통해 베트남에 보상금 지급과 크리스트교 포교, 통상의 자유를 약속시키는 동시에 베트남 남부를 프랑스에 할양케 했다. 프랑스의 베트남 식민지화가 시작된 것이다. 그 후에도 프랑스는 남중국으로 진출을 계속했으며, 1883년과 1884년의 후에 조약을 통해 베트남을 완전히 지배하는 데 성공했다. 그러나 베트남에 대한 종주권을 주장하는 청은 이를 인정할 수 없었고, 그 결과 1884년에 청불전쟁이 발발했다.

청군은 흑기군(응우옌 왕조를 섬겼던 청의 군인이 조직한 무장 세력)의 끈질긴 투쟁 등에 힘입어 한때 전쟁을 유리하게 진행하기도 했다. 그러나 전황은 점차 교착 상태에 빠졌다. 여기에 조선에서 일어난 갑신정변을 둘러싸고 일본과의 사이에서 긴장이 고조됨에 따라 프랑스와 전쟁을 속행하기가 어려워진 청은 강화를 서두르게 되었다. 그리고 1885년, 프랑스와 청 사이에 톈진 조약(청불 신약)이 체결됨에 따라 청불전쟁은 종결되었다. 톈진 조약의 내용은 프랑스가 후에 조약을 통해 베트남을 보호국으로 삼았음을 인정하는 것이었다.

그 후에도 인도차이나 지역의 식민지화를 진행한 프랑스는 1887년

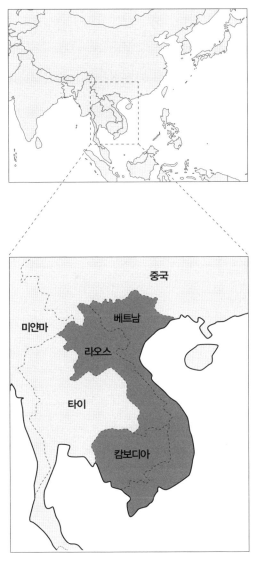

그림 2-4 프랑스령 인도차이나(현재의 국명)

에 캄보디아를 포함한 프랑스령 인도차이나 연방을 완성했고, 이어서 1899년에 라오스도 편입하며 이 지역의 지배력을 확고히 했다(그림 2-4).

후에 조약을 인정할 수 없었던 청은 프랑스와 전쟁을 단행했지만 결국 베트남의 종주권을 손에 넣지 못하고 조공국을 하나 잃게 되었다. 그리고 이후에 발생한 청일전쟁을 통해 청의 지위는 더욱 추락하게 된다.

청일전쟁

신흥국 일본에 패배함에 따라 청에 대한
열강의 식민지 지배가 가속화되다

청일전쟁은 한반도를 둘러싸고 긴장 상태에 있었던 청과 일본 사이에서 1894년에 발발해 8개월 동안 지속된 전쟁으로, 청이 당시 신흥국이었던 일본에 패함으로써 청에 대한 서구 열강의 식민지화가 본격화되는 직접적인 계기가 되었다.

조선은 오랜 세월에 걸친 책봉·조공 체제를 통해 청의 지배력 아래에 있었다. 아시아의 식민지화를 진행하고 있었던 서구 열강은 조선에도 개국을 요구했지만, 조선은 쇄국 정책을 고집했다. 한편 메이지 유신을 통해 메이지 정부가 들어선 일본은 급속히 근대화를 진행했고, 마침내 한반도로 손을 뻗기 시작했다. 청이 조선에 지배력을 발휘하지 못하게 하고 조선의 근대화를 촉진한 다음 수호조약을 맺는 것이 일본의 목적이었다. 개국을 요구하는 일본과 거부하는 조선, 이를 둘러싼 열강이라는 구도는 한반도의 긴장감을 급속히 높여나갔다.

1875년, 일본은 조선의 강화도를 공격했고(운요호 사건), 이 사건을 빌미로 조일 수호 조규(강화도 조약)를 체결했다. 명백한 불평등 조약이었던 강화도 조약을 통해 조선은 사실상 청의 지배력에서 벗어나 개국하게 된다. 그러나 그 후 조선 국내에서는 근대화를 추진하려 하는 개화파와 청의 지지를 받는 보수파가 대립했다. 그러다 1884년에 개화파가 보수파를 타도하고자 갑신정변을 일으키자 청은 진압을 위해 조선에 군대를 보냈고, 조선의 개화파와 일본은 이에 대항했지만 결국 청군에 쫓겨나며 큰 타격을 입었다. 이후 톈진 조약이 체결됨에 따라 청과 일본 양국은 조선에서 물러났지만 두 나라의 대립은 더욱 심화되었다.

이와 같은 불안정한 상황이 계속되는 가운데 조선 국내에서는 불만이 점점 커져 갔다. 조선의 조정은 개혁을 멈춘 채 백성들에게 무거운 세금을 부과했고, 한편에서는 뇌물이 횡행하는 등 정치 부패가 심각해졌다. 또한 개국의 결과 일본과 서구 열강이 속속 진출해 외국 자본이 유입됨에 따라 국내 경제도 혼란에 빠졌다. 이런 상황 속에서 조선 민중의 생활은 크게 궁핍해졌고, 결국 1894년에 농민들의 내란인 동학농민전쟁(동학혁명)이 일어났다.

그전까지 줄곧 중국의 지배력 아래에 있었던 조선의 조정은 이때도 청에 의지했다. 앞에서도 소개했듯이 수많은 나라가 책봉·조공 체제를 통해 청의 지배력 아래 있었지만 조선의 경우는 특히 청의 존재 감이 컸을 것이다. 중국과 가까운 위치이면서도 바다를 사이에 두고 떨어져 있었던 일본과는 느낌이 상당히 다를 수밖에 없다. 청이 조선 조정의 요청에 응해 군대를 파견하자 일본도 이에 대항해 군대를 보내면서 청일전쟁이 시작되었다.

전쟁은 시종일관 일본의 우세였다. 그 커다란 요인은 아시아의 지배를 둘러싸고 경쟁하던 서구 열강 가운데 영국이 영일 통상 항해 조약을 체결함에 따라 일본을 지원한 것이었다. 영국은 일본을 지원함으로써 러시아의 남하를 저지하고자 하는 의도가 있었고, 청일전쟁을 치르는 일본으로서는 영국의 지원이 절실했다.

1895년, 청일전쟁은 일본의 승리로 종결되고 시모노세키 조약이 체결되었다. 그리고 이 조약에 따라 청의 랴오둥(요동) 반도가 일본에 할양될 예정이었는데, 프랑스와 독일, 러시아가 이의를 제기했다.

청일전쟁에서 일본이 승리하는 것은 아시아 지배를 순조롭게 진행하고 싶었던 서구 열강이 원하는 전개가 아니었다. 그래서 프랑스와 독일, 러시아가 청과 일본 사이에 체결된 시모노세키 조약에 개입해 랴오둥 반도를 청에 반환하도록 일본에 요구한 것이다. 이때까지만 해도 청으로서는 이 나라들이 구세주로 느껴졌을 것이다. 그러나 돌려받은 랴오둥 반도의 뤼순과 다롄은 결국 러시아의 조차지租借地가 되었으며, 아

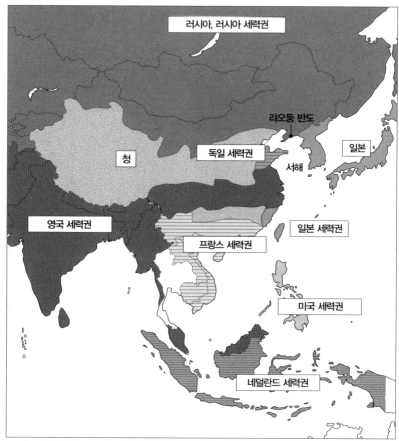

러시아, 러시아 세력권

라오둥 반도

독일 세력권

청

서해

일본

영국 세력권

프랑스 세력권

일본 세력권

미국 세력권

네덜란드 세력권

그림 2-1의 지도와 비교하면 청의 쇠퇴를 확연히 알 수 있다.

▨ 러시아, 러시아 세력권		▨ 영국 세력권	
▨ 청		▨ 프랑스 세력권	
▨ 독일 세력권		▨ 미국 세력권	
▨ 일본, 일본 세력권		▨ 네덜란드 세력권	

그림 2-5 열강의 세력

울러 삼국 간섭에 참가한 독일과 프랑스는 물론이고 영국까지도 서해 주변과 청의 각지를 조차했다(그림 2-5).

서구 열강은 조차지뿐만 아니라 철도 부설권과 광산 개발권 등을 통해 청의 영토를 분할해 자신들의 세력권에 뒀다. 일본에 패함으로써 국력이 약해졌음이 더욱 확연히 드러난 청은 광대한 영토를 계속 빼앗기게 되었고, 청이 쌓아 올렸던 책봉·조공 체제와 동아시아의 질서는 무너지고 말았다.

두 차례의 세계대전
중화민국에서 중화인민공화국으로, 대국의 완성

시간이 흘러 1949년 10월, 마오쩌둥(1893~1976)을 주석으로 하는 중화인민공화국이 탄생했다. 아편전쟁을 발단으로 100여 년에 걸쳐 계속되었던 반식민지의 역사에 종지부를 찍는 커다란 사건이었다고 할 수 있다. 그렇다면 청일전쟁 이후 어떤 경위를 거쳐 중화인민공화국의 탄생에 이르렀을까? 물론 제1차 세계대전과 제2차 세계대전이라는 두 차례의 큰 전쟁이 있었음은 말할 필요도 없다.

청일전쟁 이후 중요한 무역·군사 거점을 열강에 빼앗긴 청 국내에서는 혁명의 기운이 높아지고 있었다. 그 중심은 열강의 손아귀에서 놀아나고 있는 청조를 쓰러뜨리고 한족의 주권 국가를 세우고자 하는 유학생과 화교였다. 그들의 활동은 서서히, 그러나 확실히 확대되어 갔다.

그리고 1911년에 지도자 쑨원(1866~1925)을 필두로 신해혁명이 일어났으며, 1912년 1월에는 난징에서 쑨원을 임시 대총통으로 하여 중화민국 건국이 선언되었다. 청조는 이를 진압하려 했지만, 진압을 위해 기용한 위안스카이(1859~1916)의 배신으로 1912년 2월에 결국 쓰러지고 말았다.

중화민국 성립 직후인 1914년에 제1차 세계대전이 발발한다. 그리고 1919년에 강화 조약으로서 베르사유 조약이 체결되는데, 이 조약은 중국을 크게 실망시켰다. 제1차 세계대전에서 독일이 패배함에 따라 중국은 독일이 차지하고 있던 산둥의 이권 반환을 요청했다. 그런데 파리 강화 회의에서는 그 요청을 무시하고 산둥의 이권을 일본에 이양한 것이다.

이 때문에 중국에서는 베르사유 조약에 대한 반대 운동이 일어났다. 베이징의 학생들이 시작한 반대 운동(5월 4일에 시작되었다고 해서 5·4운동이라고 부른다)은 전국으로 확산되었고, 그 후 중국의 반反군벌·반反제국주의 운동으로 이어졌다.

제1차 세계대전 후의 중국은 한마디로 말해 쑨원이 결성한 중국국민당과 마오쩌둥이 결성한 중국공산당의 공동 투쟁(국공 합작)과 대립의 역사다. 최초의 공동 투쟁인 제1차 국공 합작은 1924년에 중국 국내의 군벌과 열강의 제국주의를 타도한다는 공통된 목적 아래 성립되었다. 그러나 쑨원이 사망한 뒤 국민당의 실권을 장악한 장제스

(1887~1975)는 공산당을 위험하게 여겼다. 직접 국민 혁명군을 지휘해 상하이와 난징으로 진군한 장제스는 1927년에 상하이에서 쿠데타를 일으켜 공산당을 탄압하고 난징에 국민 정부를 수립했다. 그리고 이후에도 미국과 영국의 지원까지 받으며 세력을 확대해 국민당의 일당 독재를 노렸다.

한편 국공 합작의 결렬과 함께 쫓겨난 공산당은 농촌 지역에 거점을 구축했다. 그리고 세력을 키운 마오쩌둥은 1931년에 장시 성의 루이진에서 중화소비에트공화국 임시 정부를 수립했다. 이후 장제스가 이끄는 국민당과 마오쩌둥이 이끄는 공산당은 격렬한 내전을 벌이게 된다.

두 세력이 다시 함께 싸운 것은 제2차 세계대전 때다. 그 목적은 물론 일본에 대항하기 위해서였다. 만주사변이 일어나자 중국에서는 항일을 호소하는 여론이 높아졌다. 처음에 장제스는 그럼에도 공산당과 내전을 계속하려 했지만, 결국 1936년에 항일을 우선시한다는 데 의견의 일치를 봄으로써 제2차 국공 합작이 성립되었다.

중일전쟁이 장기화되는 가운데 일본은 1941년 12월에 마침내 영국과 미국을 상대로 선전포고를 한다. 일본은 필리핀과 싱가포르, 말라야, 자바 등 동남아시아에 펼쳐진 열강의 식민지를 차례차례 점령해 나갔지만, 이듬해 중반에 시작된 연합군의 맹렬한 반격에 패배를 거듭했다. 여기에 원자폭탄 두 발이 투하되고 소련이 선전포고와 함께 진군함

국명	독립 연도(종주국)
인도	1947년(영국)
동파키스탄	1947년(영국) ※ 방글라데시로서 독립한 해는 1971년
영연방왕국 파키스탄	1947년(영국령 인도 제국) ※ 영연방에서 탈퇴, 독립한 해는 1972년
스리랑카(실론)	1948년(영국)
미얀마(버마)	1948년(영국)
라오스	1953년(프랑스)
캄보디아	1953년(프랑스)
베트남	제2차 세계대전 후 남북으로 분열 ※ 남베트남 소멸에 따른 통일은 1976년
말레이시아	1963년(영국) ※ 1965년에는 싱가포르가 말레이시아로부터 독립
인도네시아	1949년(네덜란드)
브루나이	1984년(영국)
필리핀	1946년(미국)

표 2-1 동남아시아 국가들의 독립 연도

에 따라 결국 1945년 8월에 무조건 항복했다.

일본의 패전으로 중국은 국제연합의 상임이사국이 되는데, 전쟁이 끝난 지 얼마 되지도 않아 다시 공통의 목적을 잃어버린 국민당과 공산당의 내전이 시작되었다. 국민당은 미국의 지원에 의지했지만 중일전쟁을 통해 세력을 키운 공산당에 패하고 말았다.

이렇게 해서 공산당이 승리한 중국에서는 민중의 지지를 얻은 마

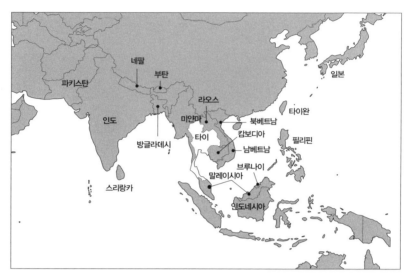

그림 2-6 제2차 세계대전 이후(~현재)의 아시아

오쩌둥이 1949년에 중화인민공화국의 건국을 선언했고, 장제스의 중화민국 정부는 타이완으로 도망쳤다. 원래부터 광대한 국토와 인구를 보유하고 있었던 중국이 청 시대에 시작된 열강의 반식민지화와 전란을 딛고 다시 세계 굴지의 대국을 형성한 것이다.

한편 제2차 세계대전의 종결과 함께 열강의 동남아시아 식민지 지배도 단계적으로 막을 내리게 된다. 동남아시아의 국가들은 구舊 종주국의 영향이 짙게 남아 있는 부분도 있지만 대부분 종전 후 수년에서 10년 정도, 길어도 20~30년 사이에 독립해 나갔다(표 2-1).

그런데 정치는 공산당 일당 독재, 경제는 형식적인 개방 경제라는 중국의 체제는 과연 언제까지 순항을 계속할 수 있을까? 필자의 애독서 중에 밀턴 프리드먼(1912~2006)의 『자본주의와 자유』라는 책이 있다. '맨큐의 경제학'으로 유명한 그레고리 맨큐 교수도 추천서로 꼽은 책이다.

이 책에 따르면 정치적 자유와 경제적 자유는 밀접한 관계가 있으며, 경쟁적인 자본주의가 그것을 실현한다. 이것을 중국에 대입하면 일당 독재의 정치 체제에서는 자본주의의 경제적인 자유를 달성할 수 없다는 결론이 나온다. 만약 이 주장이 옳다면 중국의 GDP에서 민간 소비가 커다란 비중을 차지하는 날은 영원히 오지 않을 것이다. 중국의 정치 체제가 일당 독재를 유지하는 한, 중국 경제의 왜곡된 구조가 시정되기는 불가능하다는 말이다.

한국전쟁

부산까지 밀렸다가 38도선까지 올라가다

제2차 세계대전이 끝난 뒤 한반도는 북위 38도선을 경계로 남쪽은 미국, 북쪽은 소련의 점령지가 되었다. 그리고 1948년에 남쪽은 자본주의 체제를 채택한 대한민국(한국), 북쪽은 사회주의 체제를 채택한 조선민주주의인민공화국(북한)으로 독립한다. 독립 직후부터 두 나라는 격렬히 대립했고, 결국 1950년에 한국전쟁이 발발했다(표 2-2).

한국전쟁은 당초 남북의 통일을 둘러싼 한국과 북한의 전쟁이었다. 그러나 미국이 한국을 지원하고 전쟁 도중 중국이 북한의 편에 서서 개입함에 따라 실질적으로는 미국과 중국의 대리 전쟁으로 양상이 변해 갔다.

개전 초기에는 북한이 한국을 압도했다. 그러나 UN 안전보장이사회가 이를 북한의 일방적 무력 공격으로 규정하고(소련은 심의에 반대해 참석

하지 않았다) 미군을 중심으로 한 UN군의 파병을 결정했다. UN군은 단숨에 전황을 뒤엎고 북한군을 38도선까지 밀어냈으며, 그 여세를 몰아 북한의 수도 평양을 점령하고 마침내 중국과의 국경선 부근까지 진군하기에 이르렀다. 그러자 중국은 북한을 지원하기 위해 대규모 의용군을 한반도에 보냈다.

중국의 최우선 목적은 국경선의 방어였다. 다만 여기에서 더 남쪽으로 진군해 부산을 포함한 한반도 남단, 나아가 쓰시마까지 차지한다면 태평양 진출의 교두보를 확보할 수 있다. 실제로 중국 의용군의 파견은 전황을 다시 역전시켰다. 따라서 중국이 단순한 국경 방어, 북한 지원 이상의 의도를 품었다 한들 조금도 이상한 일이 아니다.

요컨대, 중국이 참전함에 따라 한국을 지원하는 UN군에 대한 중국과 북한의 반격이 시작된 동시에 한국전쟁이 한반도를 무대로 한 미국과 중국의 전쟁이라는 양상을 띠게 된 것이다. 중국·북한군이 대대적인 반격을 개시하자 미국도 군비와 인원을 대량으로 투입했고, 이후 38도선을 중심으로 밀고 밀리는 시소게임이 전개되었다.

여담이지만, 사실은 일본도 이 전쟁에 '참전'했다. 아직 자위대는 없었지만 해상 보안청이 기뢰 제거에 참가했다. 일본 정부가 UN군의 요청을 받아들여서 파견한 이 부대는 '일본 특별 소해대掃海隊'라고 불리며, 전투 지역에서 후방 지원을 실시한 부대이다. 국제적으로는 무력 행사, 집단적 자위권 행사에 해당된다고 간주되었다.

　　임무 수행 과정에서 행방불명자와 부상자가 발생하기도 했지만, 일본 특별 소해대가 기뢰를 제거한 덕분에 UN군은 제해권을 확보할 수 있었다. 당시도 '파견은 위법이 아닌가?'라는 논란이 있었으며, 국회 승인을 얻지 않고 파견한 것이 문제시되었다. 그러나 부산에서 쓰시마, 나아가 규슈까지 위협받을 위험이 있는 상황에서 소해대를 파견한 판

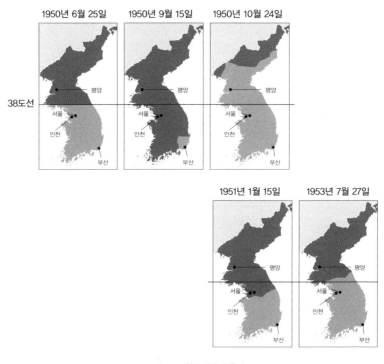

그림 2-7 한국전쟁의 추이

1950년 6월 25일	북한군이 38도선을 넘어 남진 개시, 한국전쟁 발발
1950년 9월 15일~30일	UN군, 인천 상륙 작전
1950년 10월 1일~24일	한국군, UN군, 38도선을 넘어 북진
1950년 10월 18일	중국 인민해방군 참전
1951년 1월 15일	UN군, 37도선까지 후퇴
1951년 1월 25일~6월 15일	다시 북진하는 UN군과 중국·북한군이 38~37도선 사이에서 격돌
1951년 7월 10일	전투가 계속되는 가운데 휴전 회담 개시
1953년 7월 27일	휴전 협정 조인

표 2-2 한국전쟁 연표

단이 결과적으로 일본을 본격적인 전쟁에 휘말리지 않도록 막았음은 충분히 수긍할 수 있을 것이다(그림 2-8). 그리고 1953년 7월, 밀고 밀리는 시소게임 속에서 마침내 휴전 협정이 체결되었다. 이것은 어디까지나 휴전 협정이므로 한국전쟁은 정의상定義上 아직 종결되지 않았다.

중국의 시각에서 보면 한국전쟁은 영토 확대의 기회를 놓친 전쟁이라고도 할 수 있지만 한반도에 사는 사람들에게는 국토가 분단된 것도 모자라 끔찍한 전쟁터가 되어버린 비참한 전쟁이었다. 한반도는 과거부터 중국의 영향권 안에 있었으며, 러시아도 끊임없이 한반도를 노렸다. 제2차 세계대전 이전에는 일본에 병합되었고, 전쟁이 끝나 해방되는가 싶었더니 미국과 소련의 손에 남북으로 분단되었다. 동해와 동중국해 사이로 튀어나온 작은 반도인 까닭에 대국이나 강국의 이해관

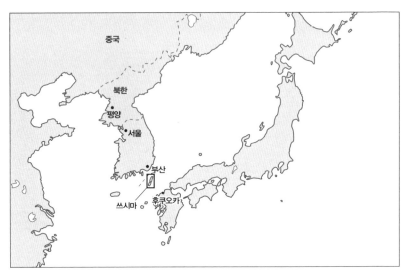

그림 2-8 한반도와 쓰시마

계에 휘둘려온 것이다.

　한국은 지금도 중국과 미국 사이에서 양다리 외교를 계속하고 있으며, 국제사회에서 주체성을 발휘하고 있다고는 말하기 어려운 상태다. 최근 들어 중국과의 관계가 더욱 가까워지고 있는 듯한데, 만약 이대로 한국과 중국의 관계가 동맹관계로 발전할 경우 현재의 한미 동맹은 어떻게 될까? 역사가 증명하듯이 민주국가와 독재국가는 물과 기름과도 같아서 서로 융화되지 않는다. 따라서 미국, 중국과의 양다리 외교는 성립하지 않게 된다. 무엇인가 특별한 힘을 발휘해 두 체제의 가교 역할을 한다면 이야기는 달라지겠지만, 이것은 현실적으로 상당히 어려운 일일 것이다.

　한편 세대 교체가 된 북한은 더욱 위험도가 높아지고 있다. 휴전 상태에 있는 한국과 일촉즉발의 상태까지 간 적도 많은데, 일본으로서는 한국 주도의 남북통일이 가장 바람직한 시나리오다. 중국도 위험한 나라이기는 하지만, 언제 어떤 계기로 무슨 짓을 할지 예측할 수 없는 북한은 어떤 의미에서 동아시아 최대의 위협이라고 할 수 있다. 한국이 그런 북한을 통일해 민주국가로 만든다면 위협이 해소되는 동시에 중국과의 완충 지대가 더욱 넓어지는 것이다.

중국-베트남 전쟁과 국경 분쟁
친소 국가인 베트남으로 진격하는 중국

중국-베트남 전쟁은 냉전 구도 속에서 캄보디아를 침공한 베트남에 대한 보복 조치로 중국이 베트남을 공격한 전쟁이다.

사건의 발단은 베트남과 캄보디아의 관계 악화였다. 미·소 냉전 체제에서 벌어진 베트남 전쟁 이후, 베트남과 캄보디아 사이에는 긴장이 고조되고 있었다. 베트남 전쟁의 결과로 캄보디아와 베트남, 라오스에 사회주의 정권이 탄생하는데, 얼마 되지 않아 베트남과 캄보디아가 분쟁 상태에 접어들었다. 1975년에 친미 정권을 쓰러뜨린 크메르 루주는 폴 포트(1925~1998)파 정권을 수립한다. 그 후 폴 포트파 정권은 급속히 친중으로 기우는데, 한편 베트남은 베트남 전쟁 이후 일관되게 친소 노선을 견지했다. 여기에 베트남 남부의 영유권 싸움도 얽히면서 양국의 대립은 두 나라의 배후에 있는 중국과 소련의 대립을 배경으로 더

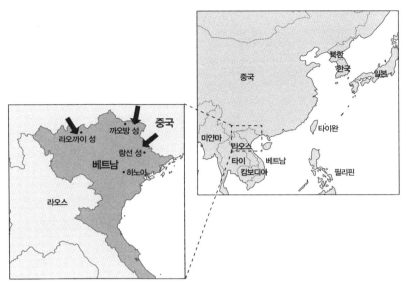

그림 2-9 중국-베트남 전쟁

욱 고조되어 갔다.

　1979년 1월, 베트남은 캄보디아로 진격해 폴 포트파 정권을 몰아내고 친베트남 정권을 세웠다. 그러자 중국도 잠자코 지켜보지만은 않았다. 중국은 즉시 베트남을 공격했고, 이렇게 해서 중국-베트남 전쟁이 발발했다(그림 2-9). 그러나 기나긴 베트남 전쟁을 버텨내고 마침내 강대국 미국에 승리한 직후였던 베트남은 여전히 병사들의 사기가 높았으며 교묘한 게릴라전을 전개했다. 물론 중국군도 게릴라에 대한 대응책을 강구했지만 순식간에 궁지에 몰렸고, 결국 침공을 시작한 지

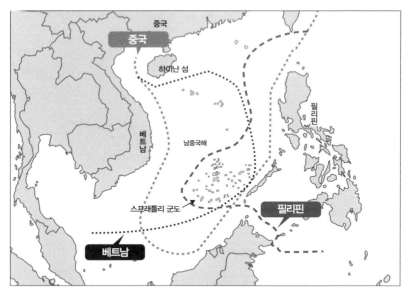

그림 2-10 스프래틀리 군도를 둘러싼 각국의 국경선 주장

불과 1개월 만에 베트남에서 철수하고 말았다.

　　중국-베트남 전쟁에서 시작된 중국과 베트남의 대립은 1984년의 중국-베트남 국경 분쟁으로 발전한다. 중국과 베트남의 국경 부근 지역을 둘러싸고 중국군과 베트남군 및 소련 군사 고문단이 충돌한 것이다. 중국의 선제공격으로 시작된 중국-베트남 국경 분쟁에서는 4월과 6월, 7월의 세 차례에 걸쳐 양군이 격돌했는데, 중국이 승리해 그로부터 10년에 걸쳐 분쟁 지역을 점령했다.

　　또한 1988년 3월에는 스프래틀리 군도를 둘러싸고 중국이 재차

베트남과 분쟁을 일으켰다. 이번에는 해상전이었는데, 이때도 중국이 베트남에 승리해 스프래틀리 군도에 흩어져 있는 암초를 실효 지배했다(그림 2-10).

베트남과 중국의 대립은 소련이 붕괴되어 냉전이 종식된 뒤에도 계속되어 지금도 영토, 영해를 둘러싼 긴장 상태가 이어지고 있다. 참고로 마오쩌둥은 과거에 소련의 코민테른(공산당의 국제 조직)의 지도 아래 당을 결성한 역사가 있으며, 중국과 러시아는 공산주의 실현을 지향하는 사회주의 국가로서 사상적으로 가까운 관계다. 그런 양국과 양국이 지원하는 나라들이 왜 대립하는지 이상하게 생각하는 독자도 있을지 모른다.

소련의 스탈린(1879~1953)이 사망한 뒤 사회주의권에서는 커다란 변화가 일어났다. 소련 국내에서는 스탈린 비판이 활발히 벌어졌고, 그후 혁명의 바람직한 형태와 사회주의 국가 운영 등을 놓고 중국과 소련이 대립하기 시작했다. 이때부터 중국과 소련의 관계는 악화일로를 걸었으며, 국경 부근에서는 무력 충돌도 발생하게 되었다. 이처럼 중국과 소련은 분명 사상적으로 가깝지만, 세부적인 견해 차이가 발생하면서 대립이 명확해졌다.

앞에서 언급한 민주적 평화론(민주주의 국가끼리는 전쟁을 하지 않는다)을 이 대목에서 다시 떠올려보자. 사상적으로 가까운 나라끼리는 잘 싸우지 않는다고 할 수 있지만, 이것은 민주주의 국가일 때만 해당되는 이야기다. 소련도 베트남도 중국도 공산당의 일당독재 국가이므로 중국-베트남 전쟁은 민주적 평화론을 증명하는 예라고 할 수 있다.

동아시아의 안전 보장

중국-베트남 국경 분쟁을 거치면서 중국은 더욱 활발히 바다로 진출하려 하고 있다. 거듭된 전쟁 끝에 육지의 영유권을 어느 정도 확고히 했기 때문인데, 사실 중국으로서는 불가피한 이유가 한 가지 더 있다. 그것은 군사 기술의 발달이다.

텔레비전 등에서 미국의 군사 위성의 영상을 본 적이 있을 것이다. 매우 선명해서 사막이든 삼림지대든 내륙부의 군사 시설은 거의 그대로 들여다보인다. 아무리 훌륭한 군사 시설을 보유하고 있더라도 적이 이렇게 선명한 위성사진을 확보하고 공중에서 공격한다면 버틸 재간이 없다.

그러나 바닷속의 핵잠수함이라면 공중에서는 위치를 파악당하지 않는다. 게다가 핵잠수함은 연료 걱정 없이 장기간의 연속 항해가 가

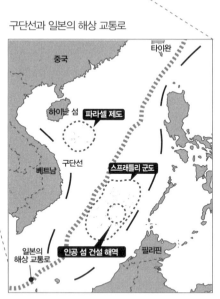

구단선과 일본의 해상 교통로

그림 2-11 제1열도선과 제2열도선

능하며, 남아도는 전력으로 바닷물에서 산소도 만들어낼 수 있는 까닭에 몇 달 이상을 연속으로 잠행할 수 있다. 아마도 현 시점에서 최강의 병기는 핵잠수함일 것이다.

중국은 남중국해를 지배하고 그곳을 거점으로 태평양에 핵잠수함을 배치하고 싶어 한다. 물론 미국은 자국의 안전 보장을 위해 중국의 핵잠수함을 남중국해에 억제하고 싶어 한다. 실제로 남중국해의 스프래틀리 군도에서 미군의 구축함이 초계 활동을 펼치고 이에 중국이 항의하는 등 양국의 신경전이 벌어지고 있다. 중국은 지금 넓은 바다를 간절히 원하는 것이다.

소련이 붕괴된 뒤 중국은 제1열도선, 제2열도선이라는 2개의 군사 진출 목표 라인을 설정하고 대미 방위선으로 삼았다(그림 2-11). 방위선이라고는 하지만, 제1열도선에는 동중국해와 남중국해 전역이 포함되어 있다. 심지어 제2열도선의 경우는 필리핀에서 괌, 사이판, 오키나와, 일본 긴키 지방 연안까지 포함되어 있다.

중국은 방위선뿐만 아니라 남중국해의 영유권에도 적극적이다. 1947년에 독자적으로 그은 구단선九段線을 근거로 남중국해의 제도에 대한 영유권을 주장해 왔다. 스프래틀리 군도에 인공 섬을 만들고 군사 거점으로 생각되는 시설을 건설하고 있는 것도 이 구단선에 근거한 행위다. 이 일대는 세계의 어획량 중 10퍼센트를 차지하는 훌륭한 어장이기도 하다. 그래서 베트남과 필리핀의 어부들이 내쫓기거나 살해당하거나 나포되는 사건도 일어나고 있다.

국제법상으로 만조 시 물속에 잠기는 암초는 섬이 아니다. 따라서 그곳을 아무리 메워서 섬처럼 만든들 국제법상으로는 영토가 되지 못한다. 중국은 이런 국제법을 무시한 채 영유권을 주장하고 있는 셈이다.

일본은 남중국해의 영유권 문제에 직접적인 당사국이 아니다. 그러나 이대로 중국이 인공 섬과 군사 거점의 건설을 진행하고 주위에 핵잠수함을 배치하게 된다면 일본의 해상 교통로 중 하나가 큰 타격을 받게 된다.

하물며 지금 넓은 바다를 간절히 원하는 중국이다. 일단은 방위선이라는 명목인 제2열도선의 범위까지 영유권을 주장하기 시작할지도 모른다. 먼저 센카쿠 열도(댜오위다오)에서 시작해 오키나와로 범위를 확대하는 것이다. 오키나와의 미군 기지에 대해 반발이 큰데, 과거에 필리핀에서 미군이 철수하자마자 중국이 진출한 역사가 있다. 만약 오키나와에서 미군이 사라진다면 필리핀의 전철을 밟을 가능성도 있음을 부정할 수 없다. 나아가서는 중국이 태평양을 미국과 양분하기 위해 일본 열도를 완전히 포함하는 태평양 연안 라인까지 수중에 넣고 싶다는 속셈이 있다 한들 전혀 놀라운 일이 아니다.

미국이 센카쿠 열도는 일본 안보의 대상이 된다고 정식으로 표명한 덕분에 일단은 한숨 돌릴 수 있게 되었다. 다만 중국이 독재국가인 이상, 일본으로서는 여전히 잠재적 위협일 수밖에 없다. 하물며 오바마 대통령이 "미국은 세계의 경찰이 아니다"라고 말한 상황이다. 남중국해의 영유권 문제의 여파가 일본까지 미치는 사태도 충분히 일어날 수 있기에 일본으로서도 결코 강 건너 불구경하듯이 느긋하게 바라볼 수는 없는 것이다.

제3장

예나 지금이나 남쪽으로 향하고 싶어 하는
러시아의 지정학

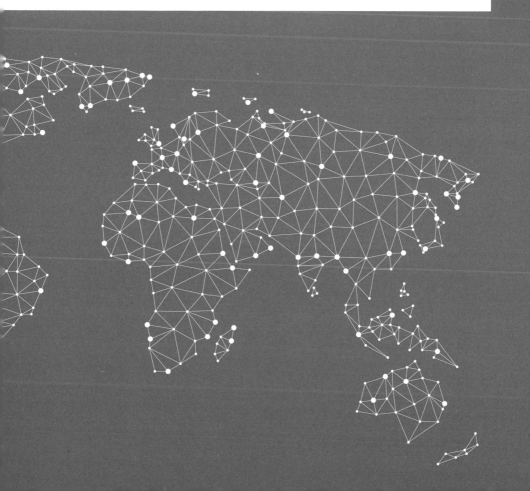

러시아의 눈으로 본 세계
비옥한 토지와 부동항을 갖고 싶다

러시아의 국가로서의 원형은 9세기 말에 주로 동슬라브인이 현재의 우크라이나 수도 주변에 세운 키예프 공국이다. 키예프 공국은 국력을 착실히 강화시켜 10세기 말에 전성기를 맞이하지만, 13세기 전반에 몽골의 공격을 받아 정복당한다.

키예프 공국의 정복과 함께 흑해와 카스피해 연안을 포함한 광대한 토지에 몽골 제국의 국가(칸국) 중 하나인 킵차크 칸국이 만들어졌다. 훗날 모스크바 대공국이 독립하기까지 약 2세기 반 동안 동슬라브인은 킵차크 칸국의 지배를 받게 된다. 당시 몽골계 유목민을 '타타르인韃靼' 이라고 불렀기 때문에 이 시기를 '타타르의 멍에' 시대라고도 한다.

1480년, 독립한 모스크바 대공국은 주변 지역을 차례차례 통합해 나갔다. 1721년에는 러시아 제국이 수립되었고, 19세기 중반에 이르자 그 지배 영역은 유라시아 대륙의 북반부를 거의 뒤덮을 정도까지 확대되었다.

이만큼 거대한 영역을 차지했으면서도 러시아의 확장 노선은 멈추지 않았다. 북극해와 인접한 영토에서는 풍요로운 농경이 불가능했고, 겨울이 되면 항구도 얼어붙어 제구실을 못했기 때문이다. 비옥한 대지와 얼지 않는 항구(부동항)를 원하는 러시아는 남쪽에 대한 야심을 버릴 수 없었다. 러시아에게 남쪽은 흑해나 중동 방향 아니면 한반도 방향이다. 평면적인 지도로 보면 인도양으로 진출해도 좋을 것 같지만, 세계 최고봉인 히말라야 산맥이 가로막고 있어 쉽게 진출할 수 없었다.

지금부터 러시아가 관여해 온 전쟁을 살펴볼 것인데, 어느 전쟁에서나 남쪽으로 진출하고 싶어 하는 러시아의 야심을 쉽게 확인할 수 있다. 또 1917년에 러시아 혁명이 일어난 결과 러시아는 세계 최초의 사회주의 국가인 소련이 되었는데, 이것이 제2차 세계대전 이후 시작된 동서 냉전의 근원이 된다. 소련은 미국이나 서유럽과는 이데올로기가 다른 대국으로서 세계대전 이후 시작된 양극 시대의 한 축을 형성한다. 오래전부터 계속되어 온 남하 정책과 함께 이데올로기 대립이라는 의미에서도 소련 그리고 러시아는 주로 동유럽을 무대로 서유럽 국가들과 대규모 힘겨루기를 하게 되는 것이다.

크림 위기(2014년)는 소련이 붕괴되고 러시아가 된 지금도 서유럽 국가들과의 힘겨루기가 계속되고 있음을 단적으로 보여준다. 베를린 장벽이 무너지고 소련이 붕괴됨으로써 냉전은 일단 자본주의 이데올로기의 승리로 끝났다. 그러나 그 불씨는 아직 완전히 꺼지지 않은 것이다.

1768년　　　　제1차 러시아-튀르크 전쟁

또다시 남하 정책을 활성화한 러시아가 오스만 제국으로 진격. 러시아가 승리해 크림 칸국의 보호권과 함께 보스포루스 해협과 다르다넬스 해협의 상선 통행권을 얻었다.

1787년　　　　제2차 러시아-튀르크 전쟁

러시아가 병합한 크림 칸국을 둘러싼 분쟁이 발단. 고립무원이 된 오스만 제국은 러시아에 굴복할 수밖에 없었고, 러시아의 크림 반도 영유권을 인정한다.
제차·제2차 러시아-튀르크 전쟁과 1772년, 1793년, 1795년의 폴란드 분할을 통해 러시아는 대폭적인 영토 확대를 실현했다.

1804년　　　　제1차 이란-러시아 전쟁

중동 방면 남하 정책의 일환으로 러시아가 이라크에 진격. 러시아는 카프카스 지방의 그루지야(조지야)와 북부 아제르바이잔을 획득했다.

1812년　　　　모스크바 원정

나폴레옹 전쟁의 일환. 나폴레옹은 주위의 서유럽 열강뿐만 아니라 러시아에도 손을 뻗었지만 상상을 초월하는 러시아의 추위에 가로막혀 막대한 피해를 입은 채 패주했다. 그 결과 러시아는 의도치 않게 영토 확장에 성공했다.

1826년　　　　제2차 이란-러시아 전쟁

아르메니아의 영유권을 둘러싸고 시작된 전쟁. 이란에 불평등 조약을 체결하게 해 자카프카스 전역을 손에 넣었다.

1853년　　　　크림 전쟁

원래는 단속적으로 계속된 러시아-튀르크 전쟁의 일환. 주전장이 된 반도의 이름을 따서 크림 전쟁이라고 부른다. 러시아 제국과 프랑스, 영국, 오스만 제국의 동맹국이 싸운. 근대사에서 보기 드문 대규모 전쟁. 러시아가 강화를 받아들였다.

1856년 　애로호 전쟁

직접 관여하지는 않았지만, 남하 정책을 포기하지 못하는 러시아가 동아시아 방면으로 눈을 돌리는 계기가 되었다.

1877년 　제6차 러시아-튀르크 전쟁

이 전쟁으로 오스만 제국이 크게 약체화된다. 다만 러시아의 남하 정책은 타국의 간섭으로 또다시 좌절되었다.

1904년 　러일전쟁

또다시 동아시아로 눈을 돌린 러시아와 일본의 이해가 충돌한 전쟁. 일본에 패함으로써 동아시아 진출을 단념할 수밖에 없었다.

1914년 　제1차 세계대전

러시아군이 막대한 희생을 치르고 대패. 유럽 역사상 유례를 찾아보기 힘들 만큼 광대한 영토를 잃는 결과로 이어졌다.

1939년 　제2차 세계대전

연합국의 일원으로 싸워 승전국이 됨으로써 국제적인 지위를 확고히 했다.

러시아-튀르크 전쟁과 폴란드 분할

제국의 완성

부동항과 비옥한 토지를 찾아 남하하려는 러시아와 이를 저지하려는 오스만 제국의 싸움은 16세기부터 반복되어 왔다. 러시아 제국이 수립된 뒤에도 무려 200년 동안 단속적斷續的으로 반복되었다. 여기에서 소개할 것은 1768년에 발발한 제1차 러시아-튀르크 전쟁의 전 단계부터 1787년에 발발한 제2차 러시아-튀르크 전쟁까지의 흐름이다.

17세기 말, 서유럽을 모델로 삼아 급격히 근대화를 추진한 러시아는 동부에서 시베리아 경영을 진행하는 한편으로 오스만 제국의 세력권이었던 아조프 원정을 통해 흑해로 이어지는 아조프해의 제해권을 획득했다. 그러나 1700년에 시작되는 대북방 전쟁(스웨덴 대 러시아, 폴란드, 덴마크 등)에서 스웨덴에 가세한 오스만 제국과 싸워 패배함에 따라 아조프를 오스만 제국에 반환하게 된다.

러시아 제국령　　오스만 제국령

쿠츠크 카이나르지 조약을 통해 러시아에 병합된 독립국

쿠츠크 카이나르지 조약을 통해 오스만에서 러시아로 할양된 영토

야시 조약을 통해 오스만에서 러시아로 할양된 영토

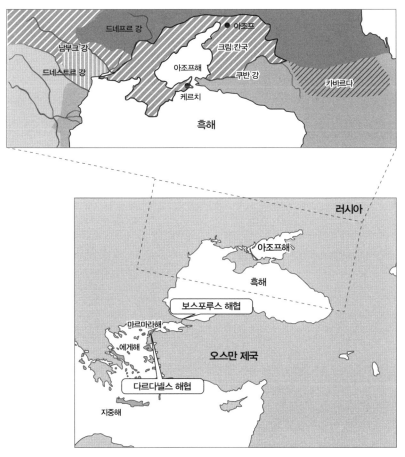

그림 3-1 제1차·제2차 러시아-튀르크 전쟁

그 후 러시아는 군비를 크게 강화해 스웨덴에 승리하고 발트해를 제패한다. 17세기부터 발트해 연안을 전부 지배해 대국이 되었던 스웨덴 대신 러시아가 새로운 북방의 패자覇者가 된 것이다.

예카테리나 2세(1729~1796)의 통치 아래 또다시 남하 정책을 활성화한 러시아는 1768년에 오스만 제국으로 진격을 시작했다. 이것이 제1차 러시아–튀르크 전쟁이다. 이 전쟁에서 승리한 러시아는 쿠츠크 카이나르지 조약을 통해 오스만 제국령이었던 크림 칸국의 보호권(1783년에는 병합)과 함께 보스포루스 해협과 다르다넬스 해협의 상선 통행권 등을 얻었다(그림 3-1). 지도를 봐도 알 수 있듯이, 보스포루스 해협과 다르다넬스 해협은 흑해에서 마르마라해, 그리고 에게해, 지중해에 이르는 해협이다. 크림 칸국의 보호권과 함께 이 두 해협을 자유롭게 오갈 수 있는 권리를 얻음으로써 러시아는 대폭적인 세력 확대에 성공한 것이다.

제2차 러시아–튀르크 전쟁의 발단은 러시아가 합병한 크림 칸국을 둘러싼 분쟁이었다. 크림 칸국은 러시아령이 되었지만, 크림 칸국의 크림 타타르인은 이슬람교도였기 때문에 오스만 제국에 소속 의식이 있었다. 오스만 제국으로서도 크림 칸국을 러시아에 빼앗긴 것은 당연히 뼈아픈 타격이었다. 오스만 제국은 러시아에 크림 칸국을 반환하고 흑해 북부 연안에서 철수할 것을 요구했지만 러시아는 이를 거부했고, 그 결과 1787년에 제2차 러시아–튀르크 전쟁이 시작되었다.

이 전쟁에서는 오스트리아가 러시아를 지지하고 영국과 스웨덴이 오스만 제국을 지지했다. 그러나 오스만 제국 깊숙이 진격한 러시아군의 기세 앞에 영국과 스웨덴이 손을 떼고 만다. 결국 고립무원이 된 오스만 제국은 러시아에 굴복할 수밖에 없었고, 야시 조약을 통해 러시아의 크림 반도 영유권 등을 인정했을 뿐만 아니라 일부 영토도 빼앗기고 말았다.

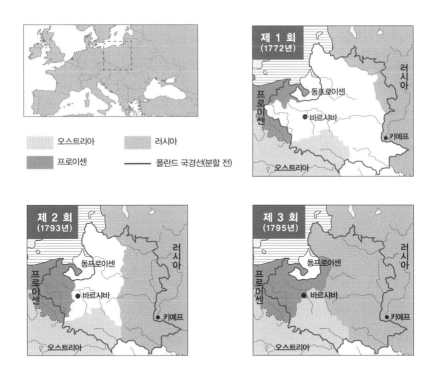

그림 3-2 폴란드 분할

이렇게 러시아의 기세는 하늘을 찌를 듯했는데, 하필 그런 시기에 프랑스 혁명이 일어났다(1789년). 왕정을 뒤엎는 혁명의 여파가 밀려올 것을 두려워한 러시아는 오스만 제국과 전쟁을 중단하고 강화를 맺었다.

제1차·제2차 러시아-튀르크 전쟁과 같은 시기에 유럽에서는 또 다른 사건이 있었다. 1772년과 1793년, 1795년의 세 차례에 걸쳐 실시된 폴란드 분할이다(그림 3-2). 러시아와 프로이센, 오스트리아가 영토 확대를 꾀한 것이다. 마지막 분할 후 폴란드에 남은 영토는 제로가 되었다. 요컨대 폴란드라는 나라 자체가 소멸되었다는 말이다. 폴란드는 그로부터 120여 년 뒤인 제1차 세계대전 이후 일단 독립에 성공하지만 제2차 세계대전 당시 독일과 소련에 다시 분할되었고, 결국 1945년이 되어서야 본격적인 독립을 이루어낼 수 있었다.

이렇게 해서 러시아는 제1차, 제2차 러시아-튀르크 전쟁과 폴란드 분할을 통해 대폭적인 영토 확대를 실현했다. 그리고 이 일련의 남하 정책을 이끈 중심인물이었던 예카테리나 2세가 1796년에 사망하면서 러시아의 남하 정책은 일단 휴지기를 맞이한다.

나폴레옹 전쟁
프랑스를 격퇴하고 영토를 넓히다

1812년, 프랑스 혁명 후 침략 전쟁을 시작한 나폴레옹군이 러시아를 침공했다(모스크바 원정). 이 나폴레옹 전쟁에서는 러시아는 한때 모스크바 입성까지 허용하지만 온갖 계책을 동원해 나폴레옹군을 격퇴했다. 뿐만 아니라 강화 회의의 결정으로 의도치 않게 핀란드 등의 영토를 손에 넣게 된다.

모스크바 원정으로부터 23년 전인 1789년에 프랑스 혁명이 일어나자 혁명의 물결이 자국까지 밀려올 것을 두려워한 오스트리아와 프로이센은 프랑스에 간섭을 시작했다. 이에 프랑스는 국내의 반혁명 세력과 국외의 내정 간섭이라는 두 가지 문제를 일거에 해결하고자 오스트리아에 선전포고를 한다(1792년).

개전 초기에는 오스트리아-프로이센 연합군을 상대하는 프랑스군의 사기가 높지 않았지만, 연합군이 파리를 압박하자 의용군이 모여들며 순식간에 전의가 고양되었다. 그리고 1793년에 영국을 중심으로 유럽 각국이 대프랑스 동맹을 결성해 참전함에 따라 프랑스는 열강을 상대로 전쟁에 돌입하게 된다.

이때 등장하는 인물이 나폴레옹(1769~1821)이며, 이 일련의 전쟁을 나폴레옹 전쟁이라고 부른다. 혁명파 군인으로서 빠르게 두각을 나타낸 나폴레옹은 1797년에 이탈리아에서 오스트리아에 대승을 거둠으로써 열강이 단결한 대프랑스 동맹을 해체시켜 버린다. 영국은 1799년에도 대프랑스 동맹을 결성하는데, 같은 해에 프랑스에서는 쿠데타를 일으킨 나폴레옹이 실권을 장악한다. 그리고 이때부터 전쟁의 양상이 크게 달라진다. 프랑스가 혁명을 달성하고 타국의 간섭을 물리치기 위해 시작했던 전쟁이 나폴레옹의 지휘 아래 영토 확장을 위한 전쟁으로 발전한 것이다.

나폴레옹의 기세를 두려워한 영국은 1805년에 세 번째 대프랑스 동맹을 결성하고 트라팔가르 해전에서 프랑스군을 격파한다. 그 결과 나폴레옹은 영국 본토 침공을 단념하고 전술을 변경, 영국을 경제적으로 고립시키기 위해 1806년에 베를린에서 대륙 봉쇄령을 발령한다. 간단히 말하면 유럽 대륙의 국가들과 북유럽 국가들에 영국과는 무역을 하지 말고 프랑스와 무역을 하라고 명령한 것이다. 유럽의 경제를 지배함으로써 영국을 유럽 시장에서 배제시켜 경제적으로 자멸하도록 만들려는 계획이다. 그러나 대륙 봉쇄령은 나폴레옹의 의도와 달리 유럽 대륙의 경제를 혼란에 빠트렸고, 프랑스에 대한 주변 국가들의 반감만 키우는 결과를 낳았다.

그 후 나폴레옹은 주위의 서유럽 열강뿐만 아니라 러시아에도 손을 뻗었다. 이것이 앞부분에서 언급한 1812년의 모스크바 원정인데, 나폴레옹군은 상상을 초월하는 러시아의 추위에 가로막혀 막대한 피해를 입은 채 패주한다. 그리고 이 패배를 계기로 전부터 프랑스에 대한 반감이 가득했던 유럽 국가들이 일제히 해방 전쟁을 일으킨다.

결국 나폴레옹 전쟁은 나폴레옹군의 패배로 막을 내렸고, 1814~1815년의 빈 회의에서 영국과 오스트리아, 러시아, 프로이센, 프랑스가 '나폴레옹 이후' 유럽의 질서 회복(빈 체제)을 논의했다. 그리고 이 회의에서 빈 의정서가 채택됨에 따라 러시아는 1809년에 러시아 황제를 군주로 내세워 수립한 핀란드 대공국을 승인받고, 오스만 제국령이었던 베사라비아와 프로이센령, 오스트리아령이 되어 있었던 구 폴란드령을 대부분 손에 넣게 된다(그림 3-3).

사실 나폴레옹 전쟁에서 프로이센군을 격퇴한 나폴레옹은 과거의 폴란드 분할을 통해 프로이센과 오스트리아가 손에 넣었던 구 폴란드령에 바르샤바 공국이라는 나라를 만들어놓았다. 이후 나폴레옹이 패

빈 체제에서의 러시아 세력 1 [폴란드 입헌왕국]

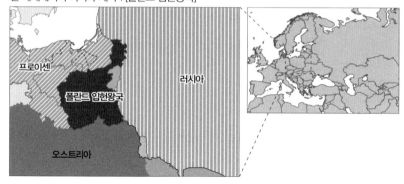

빈 체제에서의 러시아 세력 2 [베사라비아]

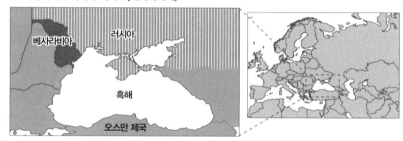

빈 체제에서의 러시아 세력 3 [핀란드 대공국]

그림 3-3 나폴레옹 전쟁

배함에 따라 바르샤바 공국은 소멸되고 그 대부분이 폴란드 입헌왕국이라는 새로운 국가가 되었는데, 러시아 황제가 이 나라의 국왕으로 결정되었다. 요컨대 폴란드 입헌왕국이라는 간판을 달았을 뿐 실질적으로는 러시아령이 된 것이다. 이렇게 해서 러시아는 나폴레옹 전쟁을 통해 또다시 영토 확장에 성공했다.

이란-러시아 전쟁과 아프가니스탄 전쟁
남하하는 러시아와 이를 저지하고 싶은 영국

어떻게 해서든 남쪽으로 영토를 확대하고 싶은 러시아는 점차 중동에도 관심을 갖기 시작한다. 그 결과 일어난 것이 아프가니스탄을 둘러싼 영국과의 대립이다.

아프가니스탄 전쟁(제1차, 제2차, 제3차)은 러시아의 지원을 받은 이란(당시는 카자르 왕조)이 아프가니스탄을 침공하자 러시아의 남하 정책을 위험시한 영국이 개입한 전쟁이다. 1804년, 러시아는 중동 방면에 대한 남하 정책의 일환으로 이란을 침공한다. 이 제1차 이란-러시아 전쟁에서 러시아는 카프카스 지방의 그루지야(조지아)와 북부 아제르바이잔을 획득했다. 또한 1826년에 아르메니아 영유권을 둘러싸고 시작된 제2차 이란-러시아 전쟁에서는 이란에 불평등 조약(투르크만차이 조약)을 받아들이게 해 자카프카스 전역(아제르바이잔, 아르메니아, 그루지야에 걸친 지역)을 손에

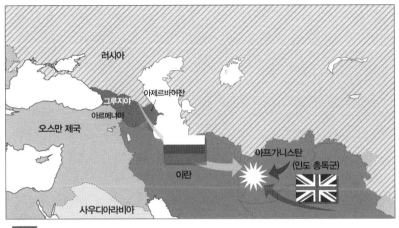

그림 3-4 이란-러시아 전쟁, 아프가니스탄 전쟁

넣었다.

  제2차 이란-러시아 전쟁이 끝난 1828년은 러시아가 또다시 오스만 제국을 침공한 해이기도 하다. 당시는 오스만 제국의 영내에서 각 민족의 민족주의와 독립의 기운이 높아짐에 따라 오스만 제국의 구심력이 상당히 저하된 상태였다. 그러자 러시아와 영국, 프랑스 등 서구 열강이 차례차례 오스만 제국에 개입하기 시작했다.

  1821년에는 오스만 제국의 지배를 받던 그리스에서 독립의 기운이 높아져 그리스 독립 전쟁이 시작되었다. 당초 러시아는 영국, 프랑스와 함께 그리스를 지원해 그리스가 독립을 쟁취하도록 도왔는데, 1828년에 단독으로 오스만 제국과 전쟁을 시작해 결국 흑해 서안으로 흘러드는 도나우 강의 하구를 할양받고 그루지야와 아르메니아의 주권이 러시아에 있음을 인정하게 했다.

이와 같이 러시아는 남쪽으로 세력권을 순조롭게 확대해 나갔는데, 그 기세에 위기감을 느낀 나라가 있었다. 바로 영국이다. 영국은 러시아의 지령을 받은 이란이 아프가니스탄을 공격하자 군사 개입을 통해 아프가니스탄을 점령함으로써 러시아의 남하를 저지하려 했다. 이 것이 아프가니스탄 전쟁이다(그림 3-4). 1880년에 제2차 아프가니스탄 전쟁에서 승리한 영국은 아프가니스탄을 보호국으로 만들었고, 이란 남부는 영국, 이란 북부는 러시아의 세력권에 들어가게 된다.

이집트-오스만 전쟁과 크림 전쟁

영국·프랑스 연합군에 패해 흑해 방면을 단념하다

이집트-오스만 전쟁의 발단은 이집트인 총독 무함마드 알리(1769~1849)가 1821년의 그리스 독립 전쟁에서 오스만 제국을 지원한 데 대한 보상으로 시리아의 영유권을 요구한 것이었다. 이 요구를 오스만 제국이 거부하자 무함마드 알리가 1831년에 시리아로 진격하면서 두 차례에 걸친 이집트-오스만 전쟁이 시작되었다.

이때 오스만 제국이 의지한 대상은 러시아였다. 물론 흑해에서 지중해로 진출하고 싶어 하는 러시아로서도 오스만 제국에 빚을 만들어 둬서 손해 볼 것은 없었다. 그래서 러시아는 오스만 제국을 지원한다는 명목으로 흑해와 지중해를 연결하는 다르다넬스 해협에 군대를 파견했다.

제1차 이집트-오스만 전쟁에는 러시아의 남하를 두려워한 영국과 프랑스도 개입했다. 양국이 오스만 제국과 교섭해 시리아와 북아프리카를 이집트에 할양케 한 것이다. 오스만 제국은 영국과 프랑스의 요구를 받아들였는데, 이때 러시아와 밀약을 맺었다. 보스포루스 해협과 다르다넬스 해협에 대해 러시아의 독점적인 항해권을 인정하는 대신 러시아의 지원을 받는다는 것이었다.

그 후 1839년에 제2차 이집트-오스만 전쟁이 발발하는데, 이때는 영국과 러시아, 오스트리아, 프로이센이 오스만 제국을 지원했기 때문에 고립무원의 상태가 된 무함마드 알리의 허무한 패배로 끝났다. 그리고 1840년에 체결된 런던 조약에서 제1차 이집트-오스만 전쟁을 통해 인정받았던 시리아의 영유권이 파기됨에 따라 무함마드 알리의 영토는 이집트와 수단으로 제한되었다. 무함마드 알리의 총독 세습제는 인정되었지만, 이후 이집트는 지속적으로 열강의 간섭을 받게 된다. 또한 영국과 러시아, 오스트리아, 프로이센, 프랑스의 5개국 사이에 해협 협정이 체결됨에 따라 러시아와 오스만 제국의 밀약도 파기되고 말았다. 이렇게 해서 러시아는 영국의 외교 전술에 휘말려 한때 손에 넣었던 지중해로의 교두보를 사실상 잃고 말았다.

그리고 런던 회의로부터 약 10년이 지난 1853년, 러시아는 또다시 오스만 제국을 상대로 전쟁을 일으켰다. 이때의 구실은 오스만 제국 내의 그리스정교회를 보호한다는 것이었다. 이에 오스만 제국은 영국과

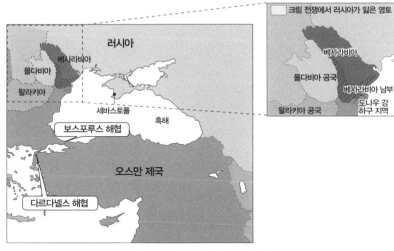

그림 3-5 크림 전쟁 / 러시아가 잃은 것

프랑스의 지원을 받아 러시아에 대항했다. 인도로 통하는 길을 확보하고 싶어 하는 영국과 프랑스 혁명에 이은 나폴레옹 전쟁으로 실추된 위신을 회복하고 싶어 하는 프랑스, 그리고 오스만 제국의 이해가 일치한 것이다. 원래는 단속적으로 계속된 러시아-튀르크 전쟁의 일환이었지만, 영국과 프랑스가 오스만 제국을 지원함으로써 실질적으로는 러시아 대 영국과 프랑스의 전쟁이 되었다.

영국과 프랑스, 오스만 제국 동맹군은 러시아의 흑해 연안 군사 거점인 세바스토폴을 파괴하기 위해 크림 반도에 상륙했다. 그 뒤로 크림 반도가 주된 전장이 되었기 때문에 1853년에 발발한 이 전쟁은 크림 전쟁이라고 불린다. 나이팅게일(1820~1910)이 간호사로 종군한 전쟁으로도 유명하며, 러시아 제국과 프랑스, 영국, 오스만 제국 동맹군이 싸운, 근대사에서 보기 드문 대규모 전쟁이다. 부동항을 원하는 러시아의 남하 정책이 부른 전쟁이라는 것이 정설이다.

전쟁은 쌍방이 팽팽하게 맞서며 장기화되었는데, 오스트리아가 러시아 국경에 군을 배치하는 영국과 프랑스에 이로운 움직임을 보이는 바람에 러시아의 열세로 전환되었다. 그리고 1855년, 마침내 세바스토폴이 함락됨에 따라 러시아는 강화에 응할 수밖에 없게 되었다.

1856년에 조인된 파리 조약으로 러시아는 베사라비아 남부를 몰다비아 공국에 할양하고 몰다비아 공국과 왈라키아 공국, 세르비아 공국의 자치를 인정하게 되었다. 또한 1828년의 러시아-튀르크 전쟁을 통해 손에 넣었던 도나우 강 하구도 원칙적으로 자유 항해 지역이 되었으며, 흑해에 함대를 보유하는 것까지 금지당했다. 결국 러시아는 런던 조약과 파리 조약을 통해 보스포루스 해협과 다르다넬스 해협의 독점적 항해권과 도나우강 하구를 잃음으로써 흑해 연안에 구축했던 거점을 한꺼번에 잃어버리고 말았다(그림 3-5). 오스만 제국과 끊임없이 전쟁을 벌이며 흑해에서 지중해 방면으로 진출하려고 노력해 온 러시아의 남하 정책이 크게 후퇴하게 된 것이다.

애로호 전쟁

영국과 프랑스의 승리에 편승해 마침내 부동항을 구축하다

애로호 전쟁은 러시아가 직접 관여한 전쟁이 아니다. 다만 남하 정책을 포기하지 못하는 러시아가 동아시아 방면으로 눈을 돌리는 계기가 된 전쟁이므로 다루고 넘어가도록 하겠다.

1840년의 아편전쟁에서 영국에 패한 청이 급격히 약체화되자 러시아는 그 기회를 놓치지 않고 헤이룽 강(아무르 강) 유역으로 진출했다. 한편 영국은 아편전쟁 이후 체결한 난징 조약을 통해 청과 자유 무역을 시작했지만 상하이 등의 제한된 항구에서만 거래가 가능하다는 데 불만을 품고 있었다. 그런 상황 속에서 1856년 10월에 애로호 사건이 일어난다. 광저우항에 정박하고 있었던 영국 선적의 애로호에 청의 관리가 검사를 위해 승선해 중국인 선원을 체포한 것이다.

이 사건은 영국이 청에 또 다른 불평등 조약을 압박할 절호의 구실이 되었다. 영국 영사는 애로호 사건이 영국을 모욕하는 행위라며 항의하고, 개항을 확대할 것, 베이징에 영국과 프랑스의 영사를 상주시킬 것 등을 요구하며 프랑스와 함께 군사 행동에 돌입했다. 프랑스는 프랑스대로 청 국내에서 프랑스인 선교사가 살해되는 사건이 일어나 청과 교섭 중이었기 때문에 그 교섭을 유리하게 이끌기 위해 영국과 손을 잡고 연합군을 결성하기에 이르렀다.

영국-프랑스 연합군은 광저우에서 북상해 순식간에 톈진 부근까지 진출했다. 한편 같은 시기에 청 국내에서는 태평천국의 난(크리스트교를 바탕으로 하는 신흥 종교의 신도들이 일으킨 반란)이 일어나 난징에 독립 국가가 수립되어 있었다. 이와 같이 내우외환에 시달린 청은 전혀 대항하지 못하고 영국-프랑스 연합군에 굴복하게 되었다.

1858년의 톈진 조약에서는 청이 난징 조약으로 개항한 5개 항구에 이어 10개 항구를 더 개항할 것, 외국 영사의 베이징 주재를 인정할 것이 규정되었다. 말할 필요도 없이 아편전쟁 이후에 체결되었던 불평등 조약을 더욱 확대시킨 것이다.

그런데 청 국내에서 이 조약에 반발하는 목소리가 높아지면서 청이 조약 비준을 거부했다. 그러자 영국-프랑스 연합군은 다시 진군해 1860년에 베이징을 점령했다. 결국 영국과 프랑스에 패한 청은 톈진 조약의 비준과 함께 개항을 11개 항구로 늘릴 것, 톈진 조약에서 결정된

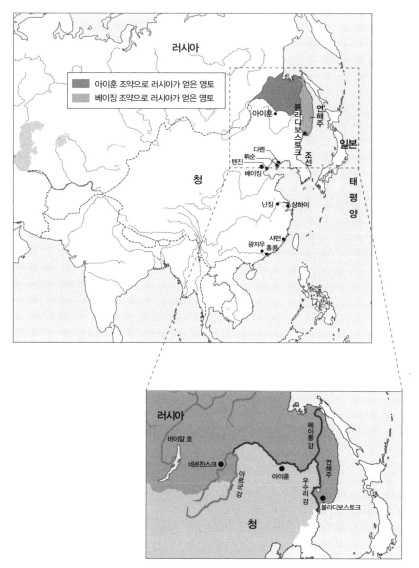

그림 3-6 헤이룽 강과 연해주

배상금을 증액할 것 등을 규정한 베이징 조약까지 받아들이게 되었다.

이 흐름에 편승한 러시아는 영국, 프랑스와 별개로 1858년에 아이훈 조약, 1860년에 베이징 조약을 체결해 헤이룽 강 좌안과 연해주의 영유권을 손에 넣고 연해주에 블라디보스토크항을 개항한다(그림 3-6). 흑해 방면으로 남하를 시도했으나 좌절을 겪었던 러시아가 영국, 프랑스와 청이 싸운 애로호 전쟁에 교묘히 편승함으로써 마침내 부동항을 구축한 것이다. 이것이 동아시아 방면으로 남하하는 경로가 된다.

제6차 러시아-튀르크 전쟁
압도적 승리를 거두지만 서유럽 열강의 개입을 초래하다

크림 전쟁의 결과로 흑해 방면의 남하 정책을 중단했던 러시아는 다시 오스만 제국을 침공한다. 그때까지 러시아와 수없이 싸우며 영토를 빼앗기도 하고 되찾기도 했던 오스만 제국이지만 더는 러시아에 대항할 힘이 없었다. 영내의 각 지역에서 민족의식이 높아짐에 따라 러시아와의 싸움에 전력을 쏟아부을 수 있는 상황이 아니었기 때문이다. 무려 200년에 걸쳐 단속적으로 일어난 러시아-튀르크 전쟁의 마지막이 되는 이 전쟁에서 오스만 제국은 크게 약체화된다.

한편 러시아는 오스만 제국을 격파하고 영토를 크게 확장할 수 있었지만 그렇게 하지 못했다. 러시아의 남하를 우려하는 서유럽 열강들이 간섭한 것이다. 1875년, 오스만 제국의 지배를 받던 발칸 반도의 민족들이 차례차례 오스만 제국에 반기를 들었다. 먼저 보스니아 헤르

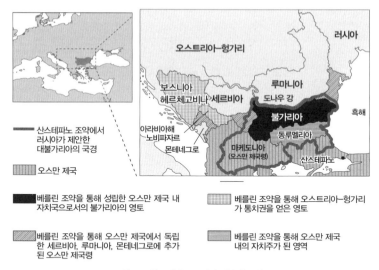

그림 3-7 산스테파노 조약과 베를린 조약

체고비나의 슬라브계 민족 중 크리스트교도(그리스정교회) 농민들이 봉기

하고 불가리아에서도 반란이 일어나자 주변의 세르비아 공국, 몬테네

그로 공국이 그들을 지원했다. 간단히 말하면 슬라브계 민족이 무슬림

에 반항하는 구도였다.

　러시아는 이것을 마침 당시 높아져 가던 범슬라브주의(슬라브어를 사

용하는 민족의 단결을 지향하는 사상)를 앞세워 발칸 반도로 진출할 기회라고

판단했다.

　그리고 1877년, 슬라브계 민족을 보호한다는 명목 아래 오스만

제국에 선전포고를 했다. 러시아는 발칸 반도와 카프카스 지역에서 오스만 제국을 차례차례 격파했고, 1878년에 산스테파노 조약이 체결됨으로써 러시아–튀르크 전쟁은 막을 내렸다(그림 3-7).

그런데 사태는 러시아가 생각지 못한 결말을 맞이한다. 러시아가 산스테파노 조약을 통해 발칸 반도에 세력을 확대하려는 데 대해 영국과 오스트리아–헝가리 제국이 이의를 제기한 것이다. 산스테파노 조약에는 흑해 연안 지역이 러시아령이 될 뿐만 아니라 불가리아 공국이 흑해에서 에게해에 이르는 광대한 영지를 갖고 오스만 제국 내의 자치국이 된다는 내용도 담겨 있었다(대불가리아). 그러나 오스만 제국 내의 자치국이라는 것은 실질적으로 러시아의 보호 아래 놓임을 의미했다. 요컨대 러시아가 불가리아 공국을 통해 지중해까지 세력을 뻗친다는 의미였던 것이다.

오스트리아로서는 이대로 내버려두면 러시아가 표방하는 범슬라브주의가 발칸 반도에 확대되어 자신들이 내건 범게르만주의를 가로막게 된다. 또 영국으로서는 러시아의 세력이 지중해까지 미친다면 서아시아와 인도의 이권을 위협받을 수 있었다.

영국과 오스트리아가 산스테파노 조약에 제일 먼저 이의를 제기한 데는 이런 배경이 있었던 것이다. 그래서 독일의 중재로 베를린 회의가 열렸고, 1878년에 산스테파노 조약을 크게 수정한 베를린 조약이 새로 체결되었다. 오스만 제국을 격파하고 발칸 반도에서 지중해로 진출하기 위한 교두보를 확보하려는 찰나에 타국의 간섭으로 또다시 남하 정책이 좌절된 것이다.

러일전쟁

**동해로 남하를 시도하지만 혁명의 기운이
높아짐에 따라 제국이 약체화되다**

러시아-튀르크 전쟁에서 승리했음에도 기대했던 만큼의 성과는 얻지 못한 러시아의 눈은 다시 동아시아로 향하는데, 이것이 신흥국 일본의 이해와 충돌한 결과 러일 전쟁이 일어난다.

그전부터 러시아 제국 내에서는 내정 혼란이 서서히 심각해지고 있었다. 흑해 방면이나 동아시아 방면으로 세력 확대를 꾀한 것은 전통적인 남하 정책을 추진하는 동시에 영토 확장이라는 성과를 올림으로써 국내 불안을 해소하려는 의도도 있었다. 애로호 전쟁에 편승해 손에 넣은 연해주를 교두보로 삼아 시베리아 철도 부설을 추진한 것도 그 일환이었다.

이렇게 러시아가 만주와 조선으로 진출하려는 자세를 분명히 하자 역시 만주와 조선의 이권을 노리던 일본은 초조해졌다. 러시아가 일

남사할린

중국 대륙

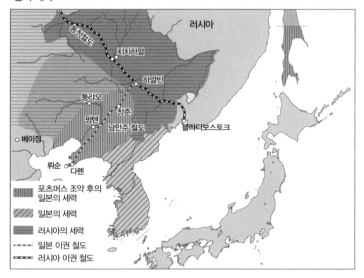

그림 3-8 포츠머스 조약

본의 코앞인 한반도까지 세력을 뻗으면 본토까지 위험해질 수 있다. 그래서 일본은 항상 러시아의 남하 정책을 우려하고 저지하고자 힘써 온 영국과 영일 동맹을 맺었다. 미국도 영일 동맹에 찬성했다. 한편 러불 동맹을 맺고 있는 프랑스와 러시아의 동아시아 진출을 지지하는 독일은 러시아의 편에 섰다. 그리고 이러한 국제 대립을 배경으로 1904년에 러일 전쟁이 발발한다.

처음에는 압도적인 군사력 차이로 러시아가 우세해 보였지만, 일본은 봉천 전투와 쓰시마 해전 같은 주요 전투에서 승리했다. 여기에는 당연히 영일 동맹 이외에 미국의 경제적 원조도 크게 관여했다.

게다가 러시아 국내에서는 혁명을 향한 움직임이 진행되고 있었다. 1905년 1월에는 전황이 불리해지는 가운데 '피의 일요일 사건(군대가 노동자 시위대에 발포한 사건)'이 일어났고, 이를 계기로 제1차 러시아 혁명이 일어났다. 러시아는 국내에서 혁명의 불길이 활활 타오르려 하는 가운데 러일전쟁을 치르고 있었던 것이다. 한편 일본도 전쟁에서 우위에 서 있다고는 하지만 장기전을 버텨낼 수 있을 만큼의 힘은 없었다. 군사비도 전사자도 계속 증가하는 가운데 국민들의 생활은 궁핍해져 갔다.

이런 상황 속에서 1905년에 미국의 중재로 강화 회의가 열렸다. 그곳에서 체결된 포츠머스 강화 조약을 통해 일본은 남사할린의 영유, 조선과 랴오둥 반도의 세력권 편입, 남만주 철도의 이권, 연해주와 캄

차카 반도의 어업권 등을 인정받았다(그림 3-8).

러시아는 베를린 조약으로 발칸 반도 진출을 저지당했기 때문에 이번에는 연해주를 남하의 교두보로 삼으려 했다. 그러나 국내에서 혁명의 움직임이 활발해진 여파 등으로 일본에 패함으로써 동아시아 진출을 단념할 수밖에 없게 되었다.

제1차 세계대전
연전연패를 거듭하는 가운데 러시아 혁명과 소비에트연방 성립

러시아의 움직임을 살펴보면 항상 흑해 방면 아니면 동아시아 방면으로 남하를 시도했음을 알 수 있다. 이쪽에서 저지당하면 저쪽에서, 저쪽에서 저지당하면 다시 이쪽에서 시도하는 식이다. 러일전쟁에서 일본에 패한 뒤의 움직임도 그랬다. 동아시아 방면에서의 남하 정책이 좌절되었다 싶으니 다시 발칸 반도로 손을 뻗었고, 그곳에서 러시아는 제1차 세계대전에 돌입한다. 여기에는 국내 사정도 있었는데, 당시 제1차 러시아 혁명의 여파를 간신히 틀어막은 직후였던 러시아는 제국주의적인 확장주의를 추진함으로써 국내에서 점점 높아지고 있는 정부에 대한 불만을 해소하고자 했다. 그러나 결과적으로는 제1차 세계대전 도중에 러시아 혁명이 일어나 제정 러시아의 붕괴와 사회주의 국가 소련의 성립으로 이어졌다.

발칸 반도에서는 오스만 제국의 약체화와 함께 독립 운동이 시삭되었고, 1912년부터 1913년에 걸쳐 발칸 전쟁도 일어났다. 그리고 이런 민족 분쟁에 각 나라와 동맹을 맺은 서구 열강이 개입하면서 발칸 반도의 혼란은 국제 분쟁의 양상을 띠기 시작했다.

그런 상황 속에서 러시아는 또다시 오스만 제국의 분할과 발칸 반도로의 세력 확대에 열을 올렸다. 1914년, 보스니아의 사라예보에서 세르비아 청년이 오스트리아 황위 계승자 부부를 암살하는 사건이 일어나자 독일의 지지를 얻은 오스트리아-헝가리 제국은 세르비아에 선전포고를 했다. 그리고 러시아가 오스트리아의 전선에 총동원령을 선포하자 독일이 러시아에 선전포고를 하면서 제1차 세계대전의 막이 열렸다. 동부 전선에 대한 당초 예상은 러시아의 우세였지만, 러시아군은 독일군에 격파당해 막대한 희생을 치르면서 철수해야 했다.

이것도 하나의 계기가 되어 러시아 국내에서는 정부에 대한 불만이 커지며 혁명의 기운이 한층 강해졌다. 그리고 1917년 3월, 수도 페트로그라드에서 마침내 민중이 봉기했다. 반란은 전국으로 확대되었고 제정 체제는 붕괴되었다. 이것을 3월 혁명(제2차 러시아 혁명)이라고 한다.

국회에서는 부르주아 정권의 임시 정부가 수립되었는데, 한편으로는 각지에서 수많은 소비에트가 결성되었다. 소비에트란 노동자와 농민, 병사들로 구성된 평의회다. 곤궁에 빠진 각지의 민중들이 자연 발생적으로 그리고 사회주의자들의 도움을 받아 소비에트를 형성했다. 각지의 소비에트는 세력을 키웠고, 전쟁을 계속한다는 방침을 세운 임시 정부와 격렬히 대립했다. 러시아는 제1차 세계대전을 치르는 도중에 이중 정부 상태라는 내정 위기에 직면한 것이다.

1917년 4월에 레닌(1870~1924)이 망명지인 스위스에서 귀국해 평화와 빵과 토지를 요구하는 4월 테제를 발표한다. 그리고 같은 해 11월, 레닌이 이끄는 볼셰비키(레닌파 정당)가 일으킨 무장 봉기를 임시 정부가 진압하지 못함에 따라 좌파인 볼셰비키와 사회주의 혁명당의 소비에트 정권이 수립되었다. 이 11월 혁명을 통해 마침내 임시 정부가 쓰러졌다. 제1차, 제2차로 단계를 밟으며 진행된 러시아 혁명이 완성된 것이다.

반전 지향의 소비에트가 국내의 실권을 장악함에 따라 레닌은 제1차 세계대전에 참가한 모든 나라에 즉시 강화를 권고한다. 그러나 '무병합·무배상·민족 자결'을 외쳤기 때문에 연합국은 전혀 반응을 보이지 않았다. 그래서 소비에트 정권은 1918년 3월에 단독으로 독일과 브레스트-리토프스크 조약을 체결하고 강화를 맺는다. 소비에트 정권은 단독으로 제1차 세계대전에서 이탈하는 동시에 핀란드와 에스토니아, 라트비아, 리투아니아, 폴란드, 우크라이나 외에 오스만 제국과 인접한 국경 지역의 권리도 포기한다.

러시아에게 제1차 세계대전은 원래 확장 노선을 취했던 제정 러시

에스토니아
라트비아
리투아니아
벨라루스
몰다비아
우크라이나
그루지야
아르메니아
아제르바이잔
카자흐스탄
우즈베키스탄
투르크메니스탄
키르기스스탄
타지키스탄
러시아

그림 3-9 소비에트연방

아가 발칸 반도에서 세력을 확대하고 흑해 방면으로의 남하 정책에 또다
시 힘을 집중하기 위한 것이었다. 그러나 제정에 불만을 품은 민중의 혁
명을 막지 못함에 따라 오히려 유럽 역사상 유례를 찾기 어려울 만큼 광
대한 영토를 잃는 결과를 낳았다.

훗날 독일의 패전으로 브레스트-리토프스크 조약은 파기되지만,
폴란드와 에스토니아, 라트비아, 핀란드, 우크라이나의 독립은 계속 승
인되었다. 그 후 러시아 국내에서는 농민의 지지를 얻은 사회주의 혁명
당이 제1당으로 선출되자 볼셰비키가 의회를 해산하고 프롤레타리아
정당의 일당 독재를 형성했다.

그사이 러시아의 주변 지역에서도 소비에트 정권이 속속 탄생했다. 러시아의 혁명 정권이 반혁명 세력에 대항해 힘을 키운 데 호응한 것이다. 그 결과 우크라이나, 벨라루스, 자카프카스의 세 공화국이 가맹하는 형태로 1922년에 소비에트연방이 수립되었다. 그리고 이렇게 조금씩 확대되어 간 소비에트연방은 최종적으로 슬라브계 국가부터 카프카스 지역, 중앙아시아, 발트 3국까지 14개 공화국을 받아들이게 된다. 이렇게 해서 공산당 일당 독재의 거대 연방이 완성되었다(그림 3-9).

　러시아 혁명을 계기로 제1차 세계대전에서 이탈한 러시아는 한때 광대한 영토를 잃기도 했지만, 역시 러시아 혁명을 통해 체제가 바뀐 것을 계기로 전례가 없었을 정도의 세력권을 획득한 것이다.

제2차 세계대전
미국과 어깨를 나란히 하는 대국의 지위를 확립하다

러시아 혁명을 통해 거대한 연방국이 된 소련은 제2차 세계대전에서 연합국의 일원으로 싸워 승전국이 됨으로써 국제적인 지위를 확고히 했다. 그러나 제2차 세계대전 이후 사회주의 국가로서 동유럽 국가들에 대한 영향력을 강화한 까닭에 서유럽과 미국의 경계를 받는다. 이것이 미국과 소련이 서로 거대한 군사력을 과시하면서 서로를 견제하는 차가운 전쟁, 즉 냉전으로 이어지는 것이다.

제2차 세계대전에서 소련은 어떻게 싸웠을까? 처음에 소련은 히틀러(1889~1945)와 손을 잡았다. 1939년 8월에 독소 불가침 조약을 체결한 것이다. 소련의 스탈린과 독일의 히틀러는 그때까지 견원지간으로 알려져 있었는데, 그들이 갑자기 태도를 바꿔서 손을 잡게 된 데는 다음과 같은 경위가 있었다.

1938년에 오스트리아 병합을 실현한 독일은 같은 해에 열린 뮌헨 회담에서 영국과 프랑스를 설득해 체코슬로바키아가 주데텐 지방을 독일에 할양케 했다. 한편 스탈린은 전부터 독일의 야심이 동유럽을 향하고 있음을 우려해 영국, 프랑스와 손을 잡고 독일을 억제하려 했다. 그러나 뮌헨 회담에서 영국과 프랑스가 보인 태도를 보자 의심이 들었다. 양국이 독일의 요구를 받아들인 배경에는 소련에 대한 적대감, 나아가 독일의 소련 침공을 묵인하려는 생각이 자리하고 있지 않느냐고 생각한 것이다.

　　독일은 독일대로 주데텐 지방을 할양받은 뒤 체코를 보호령, 슬로바키아를 보호국으로 삼고 이어서 리투아니아의 메멜 지방도 할양케 했으며 나아가 폴란드의 단치히를 독일에 반환하도록 요구하는 등 점점 야심을 드러냈다. 이런 독일의 기세에 뮌헨 회담에서 유화책을 취했던 영국과 프랑스도 잠자코 있을 수 없게 되었고, 영국이 폴란드를 보호하겠다고 주장하면서 영국, 프랑스와 독일 사이의 긴장은 한층 고조되었다.

　　그런 상황이던 1939년 8월, 영국과 프랑스에 대한 불신감이 커진 소련과 독일 사이에서 독소 불가침 조약이 체결된다. 소련에는 1939년 5월의 할힌골 전투로 일본과의 대립이 명확해짐에 따라 이쪽에 전력을 할애해야 하는 사정도 있었다. 독소 불가침 조약을 통해 일단 독일 쪽에는 군을 투입하지 않고 일본에 집중할 수 있도록 한 것이다.

독일은 소련과의 전쟁에 뚜껑을 덮은 직후인 1939년 9월에 폴란드를 침공했다. 이에 영국과 프랑스는 독일에 선전포고를 했고, 이렇게 해서 제2차 세계대전이 시작되었다. 독일은 폴란드 서부를 점령하고 덴마크와 노르웨이를 급습했으며, 나아가 네덜란드와 벨기에로 진군하더니 프랑스까지 침공해 항복을 받아냈다. 소련은 독일이 폴란드 서부를 점령하자 자신들도 진격해 폴란드 동부를 점령했으며, 1940년에 발트 3국을 병합했다.

독소 불가침 조약을 배경으로 순조롭게 공격을 진행한 독일은 그대로 영국에 상륙하고 싶었지만 영국군에 저지당하자 또다시 동유럽으로 눈을 돌렸다. 이것은 곧 발칸 반도에서 소련과 대립하게 됨을 의미했다. 1940년, 독일은 발칸 반도에서 헝가리와 불가리아, 루마니아를 동맹국으로 삼고 유고슬라비아와 그리스를 점령했다. 이것으로 소련과의 긴장관계가 현실이 되었으며, 독소 불가침 조약은 유명무실화되어 갔다. 그리고 1941년 6월, 독일은 독소 불가침 조약을 일방적으로 파기하고 소련을 침공한다. 독소전쟁이 시작된 것이다.

독소전쟁이 시작되기 직전인 4월에 소련-일본 중립 조약을 맺은 덕분에 소련은 독일과의 전쟁에 전력을 집중할 수 있었다. 모스크바 부근까지 다가온 독일의 진격을 저지하고 미국, 영국의 지원을 받아 반격에 나선 것이다.

1943년 11월, 제2차 세계대전의 전후 처리를 논의한다는 명목으로 테헤란에서 회담이 열렸다. 참가국은 영국, 미국, 소련이었다. 그곳에서 연합군은 독일이 점령 중인 프랑스에 상륙해 반격을 개시한다는 것, 그 결과 독일이 항복하면 소련이 대일 전쟁에 참전한다는 것 등에 합의했다. 이미 이탈리아는 항복했고 독일의 항복도 시간문제였으므로 남은 문제는 일본뿐이었다. 또한 1945년 2월에 역시 3국이 참가한 얄타 회담에서는 소련이 러일전쟁 후 일본에 할양했던 남사할린과 쿠릴 열도를 획득하는 대신 일본으로 진격할 것을 미국과 영국에 약속했다.

1945년 4월, 소련은 1년 후에 기한이 만료되는 소련-일본 중립 조약을 연장할 생각이 없음을 일본에 통보한다. 기한이 만료되기까지 1년이 남았다고는 해도 이 통보는 사실상 즉시 폐기를 의미했다. 그리고 1945년 5월에 독일이 항복하자 소련은 8월 8일에 소련-일본 중립 조약을 파기하고 일본군을 공격했다. 두 차례의 원폭 투하와 소련의 참전으로 전쟁을 계속하기가 불가능해진 일본은 8월 14일에 포츠담 선언을 수락하고 무조건 항복했다. 이렇게 해서 제2차 세계대전이 마침내 종결되었고, 승전국이 된 소련은 전후 발족한 국제연합의 안전보장이사회 상임이사국에 취임한다.

그렇다면 러시아 제국 시대부터 끊임없이 시도되어 온 남하 정책

그림 3-10 남쿠릴 열도 문제

은 그 후 어떻게 되었을까? 1979년에 아프가니스탄을 침공한 것은 여전히 남아 있는 남하에 대한 야심을 적극적으로 드러낸 사례라고 할 수 있다. 그러나 미국의 지원을 받은 아프가니스탄에 저지당해 1988년부터 군대를 철수하게 된다. 그리고 1991년에 소련이 붕괴되어 러시아가 된 뒤에도 미국과 어깨를 나란히 하는 대국으로서의 국제적 지위는 유지되고 있으며, 지금도 UN 안전보장이사회의 상임이사국이다.

또한 미국과 영국이 대일 전쟁에 참전하는 대가로 소련에 약속했던 사할린과 쿠릴 열도는 제2차 세계대전이 끝난 뒤 소련에 점령된 이

래 지금도 러시아의 실효 지배가 계속되고 있다(그림 3-10). 이들 영토의
귀속 문제는 소련이 러시아가 된 뒤에도 여전히 결론이 나지 않고 있
다. 특히 쿠릴 열도 반환 문제는 일본에서도 종종 화제가 되곤 하는데,
이 문제가 해결되기는 어려울 것으로 전망된다.

　　이것은 남하를 갈망하는 러시아가 남쿠릴 열도에 집착하기 때문
이 아니다. 러시아도 오호츠크해에 점재한 영토를 가지고 있다고 해서
남하에 성공했다고는 생각하지 않는다. 러시아에 딱히 큰 가치가 있는
영토는 아닐 것이다. '그렇다면 반환해도 상관없지 않을까?'라고 생각
하는 독자도 있을지 모르지만, 러시아로서는 반환 요구에 쉽게 응할 수
가 없다. 남쿠릴 열도를 반환하면 다른 영토 문제에 불이 붙을 수 있기
때문이다. 요컨대, 러시아가 남쿠릴 열도 문제의 해결을 미루고 있는 이
유는 남쿠릴 열도 자체가 중요해서라기보다 반환 요구에 응했을 때 발
생할 수 있는 영향을 우려하기 때문으로 생각된다.

소련 붕괴와 크림 위기
러시아의 향후 계획은 무엇인가

제2차 세계대전이 끝난 뒤 패전국인 독일은 미국과 영국, 프랑스, 소련에 분할 점령되었다. 그러나 동서의 이데올로기 대립이 격화됨에 따라 독일의 동서 분열은 피할 수 없는 현실이 되어갔다.

1949년 독일의 동부는 독일민주공화국(동독)이 되고 서부는 독일연방공화국(서독)이 된다. 그리고 1961년에는 동독이 동서를 차단하는 베를린 장벽을 쌓는다. 이후 독일은 냉전의 최전선 중 하나가 되었고, 동독과 체코슬로바키아, 헝가리, 루마니아, 불가리아의 국경은 철의 장막 (그림 3-11)으로 불리게 되었다.

한편 냉전 종식의 방아쇠를 당긴 곳 또한 독일이었다. 소련에서는 1985년에 공산당 서기장으로 취임한 고르바초프가 1986년부터 페레스트로이카 정책을 실시했다. 페레스트로이카란 재구축, 개혁을 의미

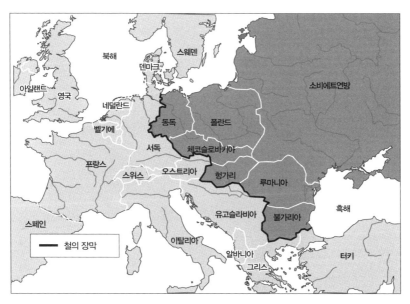

그림 3-11 냉전 시대의 철의 장막

한다. 그리고 이와 동시에 글라스노스트(개방)도 추진해 보도의 자유를 크게 향상시켰다. 또한 일당 독재에서 벗어나 대통령제를 도입하고 고르바초프가 대통령에 취임했다. 소련 국내의 정치 상황이 이와 같이 변화하자 그 영향으로 동독에서 민주화 운동이 시작되었고, 1989년에 마침내 베를린 장벽이 허물어졌다. 그리고 1991년에 소련이 붕괴되면서 냉전은 막을 내렸다.

페레스트로이카는 어디까지나 60년 이상 일당 독재가 계속됨에 따라 정체된 사회를 재건하기 위한 정책이었다. 그러나 실상을 들여다

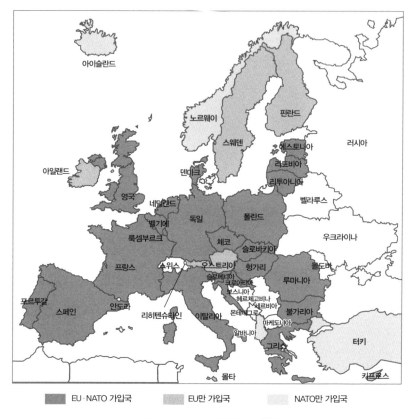

그림 3-12 EU·NATO 가입국과 미가입국

보면 그것은 민주적 개혁이나 다름이 없었고, 그 결과 소련이라는 일당

독재 연방 국가 자체의 붕괴를 초래했다. 소련을 결성했던 15개 공화국

은 분열, 독립했다. 그리고 러시아를 제외한 모든 공화국과 소련의 구

위성국(소련의 영향력 아래에 있었던 나라)들은 차례차례 NATO와 EU에 가입

한다(표 3-1).

　소련이 붕괴되기 전, 소련은 NATO에 대항하는 군사 동맹으로서 바르샤바조약기구를 결성했다. 유럽의 가입국은 불가리아와 루마니아, 동독, 헝가리, 폴란드, 체코슬로바키아, 알바니아였다. 이후 소련이 붕괴되자 동독은 서독에 통합되고 체코슬로바키아는 체코와 슬로바키아로 분열되는데, 결국 이들 가입국 전체가 NATO에 가입하게 된다. 또한 알바니아 이외에는 EU에도 가입함으로써 동유럽의 국가들은 완전히 서유럽 국가의 일원이 된다.

　동서 냉전이 소련의 붕괴로 종결되었다는 것은 사회주의 이데올로기의 패배를 의미했다. 그래서 소련의 산하에 있었던 동유럽 국가들은 군사적으로나 경제적으로나 서유럽의 일원이 되어갔다. 러시아로서는 이른바 동료를 전부 서쪽 진영에 빼앗긴 셈이다. 과거에 동독, 체코슬로바키아, 헝가리, 루마니아, 불가리아의 국경을 따라서 드리워졌던 철의 장막은 걷혔고, 러시아의 영향력은 크게 후퇴했다. 이대로 내버려두면 서유럽 진영의 기세가 러시아에도 영향을 미칠 수 있다. 2014년에 발발한 크림 위기의 근본에는 이런 러시아의 위기감이 있었다.

　러시아에 우크라이나는 서유럽의 영향력을 저지하기 위한 중요한 완충국이다. 그래서 러시아는 항상 우크라이나의 동향에 촉각을 곤두세웠다. 우크라이나의 정권이 친서유럽으로 기운다 싶으면 야당을 지

	NATO 가입 연월	EU 가입 연월
미국	1949.8	
캐나다	1949.8	
아이슬란드	1949.8	
노르웨이	1949.8	
터키	1952.2	
알바니아	2009.4	
이탈리아	1949.8	1958.1
네덜란드	1949.8	1958.1
프랑스	1949.8	1958.1
벨기에	1949.8	1958.1
룩셈부르크	1949.8	1958.1
영국	1949.8	1973.1
덴마크	1949.8	1973.1
포르투갈	1949.8	1986.1
그리스	1952.2	1981.11
독일	1955.5	1958.1
스페인	1982.5	1986.1
체코	1999.3	2004.5
헝가리	1999.3	2004.5
폴란드	1999.3	2004.5
에스토니아	2004.3	2004.5
슬로바키아	2004.3	2004.5
슬로베니아	2004.3	2004.5
라트비아	2004.3	2004.5
리투아니아	2004.3	2004.5
불가리아	2004.3	2007.1
루마니아	2004.3	2007.1
크로아티아	2009.4	2013.7
아일랜드		1973.1
오스트리아		1995.1
핀란드		1995.1
스웨덴		1995.1
키프로스		2004.5
몰타		2004.5

표 3–1 EU · NATO 가입 연월

원했고, 친러시아 정권이다 싶으면 정권을 지원하는 식이었다. 우크라이나도 소련이 붕괴되었을 때 독립은 했지만 줄곧 혼란을 겪어왔다. 제정 러시아 시대에 우크라이나어의 사용을 금지당하는 등 고난을 겪어온 우크라이나에 러시아로부터의 독립은 숙원을 달성한 것이었다고 할수 있다. 그러나 국내에 소수파라고는 해도 러시아어를 사용하는 사람들이 있고 산업은 러시아에 크게 의존하고 있는 등 상황은 복잡하고 가혹했다. 이런 사정 때문에 우크라이나는 자국을 세력권에 두고 싶어하는 러시아의 힘을 단호하게 뿌리칠 수가 없었다.

그런 가운데 2014년 2월, 우크라이나에서 친러시아 정권이 쓰러지고 친서유럽 성향의 임시 정권이 수립되었다. 러시아로서는 묵과할 수없는 상황이었다. 임시 정권이 기세를 타고 정당한 정권으로 정착한다면 그대로 NATO와 EU에 가입할 가능성이 매우 높았기 때문이다.

물론 NATO나 EU도 가입하고 싶다고 해서 간단히 가입할 수 있는 곳은 아니다. 실제로 터키처럼 NATO에는 가입했지만 EU에는 (가입을 원하지만) 가입하지 못하고 있는 나라도 있다. 다만 만약 우크라이나가 NATO와 EU에 가입을 희망한다면 아마도 미국과 서유럽 국가들은 쌍수를 들어 환영할 것이다. 러시아의 힘을 더욱 약화시킬 수 있기 때문이다. 러시아도 그 점을 잘 알고 있기에 우크라이나를 서유럽 국가의 영향력을 저지하는 최후의 보루로 여겼다.

그러나 우크라이나에 친서유럽 성향의 임시 정권이 탄생했나는 사실은 바꿀 수가 없다. 그래서 러시아는 크림 자치공화국을 병합하는 방법을 선택했다. 이것으로 만에 하나 우크라이나의 임시 정권이 힘을 잃지 않고 서유럽의 편이 된다 해도 서유럽의 영향이 러시아에 미치기 직전에 저지할 수 있게 된 것이다.

러시아의 크림 자치공화국 병합은 일단은 국민 투표라는 민주적인 수단으로 결정되었지만 미국과 유럽으로부터 격렬한 비난을 받았다. 제삼자 입장에서는 대국 러시아가 국제적인 비난을 초래하면서까지 작은 크림 반도에 왜 그렇게 집착하는지 이해가 안 되지만, 러시아에는 어떤 비난을 받더라도 크림 자치공화국을 병합하고 싶은 사정이 있었다. 크림 반도에는 러시아계 주민이 많이 살고 있으며, 반도 내에 러시아가 2045년까지 조차한 러시아 군항(세바스토폴)이 있었다. 또한 제2차 세계대전 후 1954년까지는 러시아에 귀속되었던 역사도 있다. 이 작은 반도를 둘러싸고 과거의 냉전 구도가 또다시 재현되고 있는 것이다.

크림 반도에서 외줄타기 공방전을 벌인 러시아의 향후 계획은 무엇일까? 아마도 과거의 제정 시대와 같은 확장주의적 야심은 이제 품지 않을 것이다. 그저 서쪽 진영의 영향이 자국에 도달해 정치 경제가 크게 변혁되는 사태만큼은 피하고 싶은 방어 일변도의 자세가 되었다고 봐도 무방하다. 크림 위기는 러시아의 그와 같은 자세 변화를 엿볼 수 있는 사건이었다고 할 수 있다.

러시아의 현재 움직임과 관련해 이 책을 집필하는 도중에 새로운 뉴스가 날아들었다. 2010년의 튀니지 혁명은 '아랍의 봄'이라고 부르는 민주화 운동의 확대로 이어졌다. 독재 정권과 반체제파의 싸움이 수습되지 않고 출구가 보이지 않는 내전으로 발전한 나라도 있다. 그런 나라 중 하나이며 심각한 난민 문제로도 유명한 시리아에 대해 러시아의 푸틴 대통령이 아사드 정권 지지를 표명하고 러시아군을 전투에 참가시키겠다고 제안했다는 것이다. 이에 미국은 즉시 러시아에 러시아군의 참전으로 내전이 악화될 수 있다는 우려를 전달했다. 앞에서도 다뤘듯이 러시아는 소련 시대에 아프가니스탄에서 뼈아픈 철수를 맛봤다. 그때 좌절되었던 중동에 대한 영향력 확대의 야심이 지금 다시 불타오르기 시작한 것인지도 모른다.

제4장

전쟁을 통해 만들어진 공동체 **유럽의 지정학**

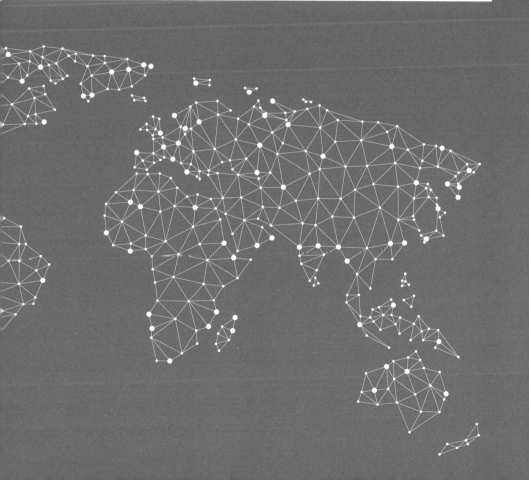

유럽의 눈으로 본 세계

전쟁 끝에 단결해 유럽 이외의 세계와 대치하다

유럽을 한마디로 말하면 지겹도록 싸운 끝에 이제는 전쟁에 질려서 단결을 시도하고 있는 지역이다. 프랑스 혁명에서 비롯된 나폴레옹 전쟁은 러시아를 포함한 유럽 전역을 전쟁의 불길 속으로 몰아넣은 대전쟁이었다. 다만 나폴레옹 전쟁이 끝난 뒤에는 전쟁 자체가 완전히 사라지지는 않았어도 유럽 전역이 휘말리는 큰 전쟁은 없는 시기가 한동안계속되었다. 그사이 유럽 국가들은 경쟁하듯이 아시아와 아프리카에식민지를 건설했는데, 막강한 공업과 해군의 힘을 배경으로 영국이 압도적인 우세를 보이며 팍스 브리태니카의 시대를 이어 나갔다.

그러나 섬차 영국이나 프랑스가 효율적으로 식민지를 넓혀 나가는 데 불만을 품은 독일이 대두한다. 여기에 당시 유럽의 헌병으로 불리던 러시아에서 혁명의 기운이 높아져 사회 상황이 불안정해진 것도 영향을 끼치면서 유럽에 또다시 화약 냄새가 감돌기 시작한다. 이것이 제1차 세계대전이 일어나기 직전의 상황이다.

그리고 제1차 세계대전은 다양한 방면에 재앙의 불씨를 남겼다. 첫째는 영국의 삼중 외교다. 러시아와 프랑스, 아랍인, 유대인을 상대로 서로 모순되는 밀약을 함으로써 중동 문제의 근본 원인을 만든 것이다. 둘째는 독일에 부과한 거액의 배상금이다. 제1차 세계대전은 독일의 패전으로 막을 내렸는데, 거액의 배상금 때문에 막대한 부채를 짊어진 독일이 굴욕과 고통 속에서 탄생시킨 것이 파시즘 정당 나치스이며 히틀러다. 이렇게 해서 제1차 세계대전이 종결된 지 불과 20여 년 후에 다음 세계대전의 막이 열린다.

제2차 세계대전은 또다시 독일(독일, 이탈리아, 일본)의 패전으로 막을 내렸고, 그 뒤로는 세계대전이 일어나지 않고 있다. 앞에서 언급한 민주적 평화론에 입각하면 현재의 민주 국가에서 민주주의가 사라지지 않는 한 세계대전은 앞으로도 일어나지 않을 것이다. 특히 나폴레옹 전쟁에 이어 두 차례나 세계대전의 발단이 되었던 유럽에서는 '다시 전쟁이 일어나서는 안 된다'라는 공통 인식이 강해졌다.

한편 러시아가 사회주의 국가 소련이 됨에 따라 유럽은 공산 혁명의 물결이 밀려오지 않도록 대소 방위망을 구축할 필요도 생겼다. 그래서 미국도 참여한 NATO와 서유럽 국가의 연합체인 EC(유럽 공동체. 훗날의 EU)라는 체제가 탄생한다. 같은 민주주의, 자본주의 국가끼리 군사와 경제의 양 측면에서 연합해 소련에 대항하자는 것이다.

　냉전이 종식된 뒤에도 사회주의 국가로 남아 있는 러시아는 여전히 유럽에서 고립되어 있다. 서유럽 국가들은 소련 붕괴 후 소련의 영향력 아래에 있었던 동유럽 국가들을 NATO와 EU에 편입시킴으로써 러시아의 세력권을 크게 후퇴시키는 데 성공했다고 말할 수 있다.

　과거에 경쟁과 충돌을 거듭해 왔던 유럽의 국가들은 어떻게 오늘날에 이르러 단결하게 되었을까? 먼저 유럽의 국가들이 '다시 전쟁이 일어나서는 안 된다'라고 생각하게 만든 두 차례의 세계대전부터 살펴보자.

• 유럽의 주요 전쟁사 1912년 ~ •

1912년　　　　　제1차 발칸 전쟁

발칸 동맹국과 오스만 제국 사이에서 발발

1913년　　　　　제2차 발칸 전쟁

제1차 발칸 전쟁에서 오스만 제국에 승리하고 얻은 마케도니아의 분할을 둘러싸고 발칸 동맹국 사이
에서 일어난 '불가리아 대 세르비아, 그리스'의 전쟁. 불가리아가 패배

1914년　　　　　사라예보 사건

제1차 세계대전의 최종적인 방아쇠

1914년　　　　　제1차 세계대전

사라예보 사건을 계기로 유럽의 열강들은 불과 일주일 만에 연합국과 동맹국으로 갈라져 전쟁을 시
작한다. 나폴레옹 전쟁 이후 100년 만에 유럽 전역, 나아가서는 전 세계를 전쟁의 불길 속으로 몰아
넣은 대전쟁이 되었다.

1929년　　　　　세계 대공황

뉴욕 증권 시장의 대폭락이 도화선이 되었다. 자본주의 국가들은 자국의 경제를 지키기 위해 일제히
수입 제한, 관세 인상, 블록 경제를 실시했다.

1939년　　　　　제2차 세계대전

주요 참전국은 '영국, 프랑스, 미국, 소련, 중국'의 연합국과 '독일, 이탈리아, 일본'의 추축국. 연합국의
승리로 끝났다.

제1차 세계대전
제국주의적 경쟁이 낳은 세계 전쟁

인류 최초로 전 세계가 전쟁의 불길에 휩싸인 이 전쟁의 원인은 제국주의적인 야심의 충돌이었다. 19세기 중반부터 서구 열강 중에서도 압도적인 생산력과 군사력을 보유한 영국이 크게 앞서 나가고 있었는데 (그림 1-1 팍스 브리태니카 참조), 식민지 경쟁에 뒤늦게 뛰어든 독일이 반격을 노리면서 영국과의 대립 구도가 형성된다. 독일의 대두를 나타내는 대표적인 예가 3B 정책, 즉 1903년에 오스만 제국에서 얻은 철도 부설권을 이용해 베를린과 바그다드, 비잔티움(현재의 이스탄불)을 연결하려 한 것이다.

한편 영국은 식민지 정책으로서 캘커타, 카이로, 케이프타운을 연결하는 3C 정책을 추진하고 있었는데, 독일의 3B 정책을 3C 정책에 대한 도전으로 받아들였다. 또한 오스만 제국의 영지를 차지하려는 야심을 품고 있었던 러시아 등 다른 서구 열강들도 독일에 반감을 품게 되었다.

여기에 역시 열강들이 일제히 진출을 꾀하면서 사정이 복잡해진 발칸 반도 문제까지 한데 얽히면서 유럽을 양분하는 대립 구도가 형성되어 갔다.

유럽의 화약고 — 제1차, 제2차 발칸 전쟁

발칸 문제를 간단히 설명하면 다음과 같다. 다양한 민족이 혼재하는 발칸 반도에서는 범슬라브주의를 외치는 러시아와 범게르만주의를 외치는 오스트리아-헝가리 제국이 각각 세력 확대를 노리며 맞서고 있었다.

1908년, 오스만 제국에서 제정 타도를 노리는 혁명(청년 튀르크당 운동)이 일어나자 독일의 지원을 받은 오스트리아-헝가리 제국이 그 혼란에 편승해 슬라브인이 사는 보스니아와 헤르체고비나를 병합했다. 그러자 러시아는 이에 대항해 세르비아(1878년에 오스만 제국에서 독립)와 몬테네그로(오스만 제국의 압박 속에서도 독립을 유지했으며, 1878년에 왕국으로 정식 승인), 불가리아(청년 튀르크당 운동 후 오스만 제국에서 독립), 그리스(1830년에 오스만 제국에서 독립)에 발칸 동맹을 결성(1912년)하게 했다.

이들은 괄호 안에 표기되어 있듯이 한때 오스만 제국의 지배나 압박을 받았으나 러시아-튀르크 전쟁 이후 체결된 베를린 조약(1878년) 등을 통해 독립한 국가다. 과거에 광대한 영토를 자랑했던 오스만 제국은 이슬람교도가 주도권을 쥐고 있으면서도 크리스트교나 유대교 등 다른 종교들을 박해하지 않고 관대하게 포용하며 공존을 꾀하고 있었다. 종교별로 밀레트라고 부르는 공동체를 만들어 자치권을 부여한 것이다. 그러나 19세기가 되자 러시아 등의 개입으로 오스만 제국은 서서히 쇠퇴했고, 영내는 점차 혼란에 빠졌다. 그래서 발칸 반도를 포함한 동방 문제가 부상하는데, 일단은 러시아-튀르크 전쟁 후 1878년에 체결된 베를린 조약을 통해 조정이 되었다.

그런데 20세기 초반이 되자 발칸 반도에 사는 민족들의 독립에 대한 열기 또는 영토에 대한 야심이 급속히 높아져 갔고, 여기에 대국의 이해관계가 얽히기 시작했다. 요컨대 남하 정책을 꾀하면서 범슬라브주의를 외치는 러시아와 범게르만주의를 외치며 세력 확대를 노리는 오스트리아-헝가리 제국이 개입한 것이다. 이렇게 해서 발칸 반도는 유럽의 화약고라고 불리는 분쟁 지역이 되어 갔다.

독일의 지원을 받은 오스트리아-헝가리 제국의 보스니아와 헤르체고비나 병합, 러시아의 지원에 따른 발칸 동맹의 결성은 일촉즉발 상태였던 발칸 반도에 마침내 불을 붙이고 말았다. 1912년, 발칸 동맹국과 오스만 제국 사이에서 제1차 발칸 전쟁이 발발한다(그림 4-1). 그리

그림 4-1 제1차 세계대전 직전의 혼란스러운 발칸 반도

고 1913년에는 제1차 발칸 전쟁에서 오스만 제국에 승리해 얻은 마케도니아(마케도니아의 서쪽에 있었던 알바니아는 이때 독립)의 분할을 둘러싸고 발칸 동맹국인 불가리아 대 세르비아, 그리스의 제2차 발칸 전쟁이 일어난다.

제2차 발칸 전쟁은 같은 해에 오스만 제국과 몬테네그로, 루마니아가 편을 든 세르비아와 그리스의 승리로 끝난다. 그리고 전쟁에서 패한 불가리아는 그 후 독일, 오스트리아-헝가리 제국과 가까워진다.

이와 같이 제1차, 제2차 발칸 전쟁은 힘을 합쳐 오스만 제국과 싸웠던 동맹국들이 전쟁 직후에 서로를 적으로 돌려서 싸운 전쟁이다. 그야말로 발칸 반도의 불안정성을 보여준 전쟁이며, 그 불안정성이 결국 제1차 세계대전으로 이어진다.

둘로 갈라진 유럽이 마침내 전쟁을 시작하다

앞에서 이야기했듯이 서유럽에는 독주 상태였던 영국에 대항하는 독일이라는 구도가 있었는데, 이 토대 위에 두 진영이 형성되었다. 영국, 프랑스, 러시아는 원래 3국 협상이라는 우호관계 속에 있었다. 아울러 프랑스는 알자스-로렌 지방의 영유권 문제로 대립하고 있었으며, 러시아는 앞에서 이야기한 바와 같이 발칸 반도에서 범게르만주의를 외치는 오스트리아-헝가리 제국 그리고 이를 지원하는 독일과 대립하고 있었다.

한편 독일 진영에는 같은 게르만 민족인 오스트리아-헝가리 제국과 제2차 발칸 전쟁에서 세르비아, 그리스에 패한 불가리아 등이 가세했다. 이렇게 해서 영국, 프랑스, 러시아를 주축으로 한 진영(연합국)과 독일, 오스트리아-헝가리 제국을 주축으로 한 진영(동맹국)이 형성된다 (그림 4-2). 발칸 반도의 민족 대립과 대국의 제국주의가 복잡하게 얽히며 유럽을 둘로 갈라버린 것이다.

앞에서도 언급했지만, 제1차 세계대전의 최종적인 방아쇠는 사라예보 사건이다. 1908년에 오스트리아-헝가리 제국이 보스니아·헤르체고비나를 병합한 것은 세르비아에 중차대한 사태였다. 또한 그전부터 세르비아인 사이에서는 반(反)오스트리아 감정이 고조되고 있었다. 이런 상황을 배경으로 1914년 6월 28일에 오스트리아-헝가리 제국의 황위

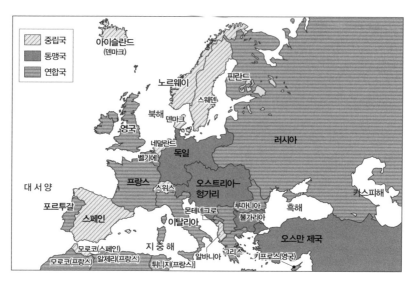

그림 4-2 연합국과 동맹국

계승자 부부가 보스니아·헤르체고비나의 수도인 사라예보에서 세르비아인 청년에게 암살당하는 사건이 벌어진 것이다.

사라예보 사건 후 오스트리아-헝가리 제국은 독일의 지원을 받아 세르비아에 선전포고를 했고, 러시아가 발칸 반도의 오스트리아 전선에 총동원령을 내리자 독일이 러시아와 프랑스에 잇달아 선전포고를 했다.

이렇게 해서 유럽의 열강들은 불과 일주일 만에 연합국과 동맹국으로 갈라져 싸우게 된다. 나폴레옹 전쟁 이후 100년 만에 유럽 전역, 나아가 전 세계를 전쟁의 불길 속으로 몰아넣은 대전이 벌어진 것이다.

당시 영일 동맹을 맺고 있었던 일본은 청의 독일 조차지 등을 공격했고, 고립주의적 전통에 따라 중립을 결정했던 미국도 자국의 여론에 밀려 연합국으로서 참전한다. 초기에 전쟁을 유리하게 이끌어나갔던 동맹군은 이와 같은 유럽 이외 국가들의 참전으로 점차 불리한 상황에 처했고, 결국 항복하게 된다.

베르사유 체제가 남긴 불씨

1919년에 체결된 베르사유 조약을 기본으로 복수의 조약이 체결되면서 제1차 세계대전 이후 유럽의 새로운 질서인 베르사유 체제가 시작된다. 먼저, 오스트리아-헝가리 제국은 해체되었다(그림 4-3). 오스트리아와 헝가리로 분할되었고, 발칸 반도에서 세르비아와 손을 잡았던 루마니아, 18세기 말에 분할되어 소멸되었다가 부활한 폴란드 등에도 국경 부근의 영토를 할양해야 했다. 또한 구 제국 영내에 체코인과 슬로바키아인으로 구성된 체코슬로바키아공화국이 건국되었고, 오스트리아-헝가리 제국에서 탈출한 크로아티아인, 슬로베니아인과 세르비아, 몬테네그로가 합체하는 형태로 유고슬라비아가 건국되었다.

　　19세기 중후기의 지도와 비교해 보면 알 수 있지만, 제1차 세계대전 이후 독일의 힘이 약해지고 오스트리아-헝가리 제국, 오스만 제국, 러시아 제국이 붕괴됨에 따라 발칸 반도부터 동유럽 지역에 작은 독립

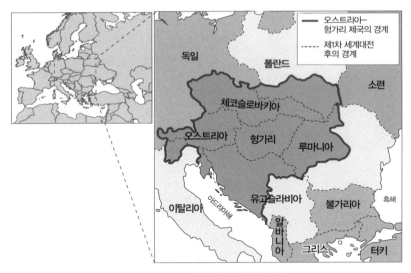

그림 4-3 오스트리아–헝가리 제국의 해체

국가가 난립했다. 다만 이것은 승전국인 영국과 프랑스가 그 민족들의 독립에 대한 열망에 선의로 부응한 결과물이 아니다. 영국과 프랑스의 의도는 소련과의 사이에 작은 나라를 잔뜩 만듦으로써 공산 혁명의 영향을 봉쇄하는 것이었다. 말하자면 단순한 방벽에 불과했던 셈이다.

독일은 막대한 배상금을 짊어졌을 뿐만 아니라 프랑스와 분쟁 중이던 알자스-로렌 지방을 프랑스에 반환하고 해외의 식민지를 모조리 빼앗겼으며 나아가 군비도 크게 제한받게 되었다. 이것은 영국과 프랑스의 '대對독일 보복'이라고 부를 만큼 가혹한 조건이었다.

그리고 동맹국으로 참전했던 또 다른 국가인 오스만 제국의 해체는 오늘날까지 계속되고 있는 중동 문제를 잉태했다. 이것을 설명하려면 제1차 세계대전 중에 영국이 실시했던 다중 외교까지 거슬러 올라가야 한다. 1915년, 영국은 후세인-맥마흔 협정을 통해 아랍인들에게 오스만 제국으로부터의 독립을 약속했다. '오스만 제국과의 전쟁에 공헌해 승리하면 우리의 영토를 가질 수 있다'고 생각한 아랍인들이 영국 진영에 협력하게 만든 것이다.

그러나 이것이 거짓 약속이었음은 그 직후 영국이 프랑스, 러시아와 맺은 협정을 봐도 명확히 알 수 있다. 1916년, 오스만 제국령 아시아를 영국과 프랑스, 러시아가 분할 점령하고 팔레스타인을 국제 관리 아래 둔다는 사이크스-피코 협정이 체결된다. 이것은 오스만 제국의 지배를 받고 있는 아랍인들에게 독립을 약속한 후세인-맥마흔 협정과 명백히 배치되는 내용이다. 게다가 영국은 1917년에 밸푸어 선언을 통해 유대인이 팔레스타인에 독립 국가를 건설하는 것을 인정했다. 아랍인에게 그랬듯이 '독립 국가를 가질 수 있다'고 약속함으로써 유대인의 협력도 얻으려 한 것이다.

이와 같이 영국은 전쟁을 유리하게 진행하기 위해 각각의 이해관계자들에게 다른 말을 하는 삼중 외교를 실시했다. 그리고 오늘날까지 계속되는 중동 문제의 근원을 만들어버린 것이다.

제1차 세계대전 후 오스만 제국은 강화 조약의 하나로 1920년에 체결된 세브르 조약을 통해 분할되었다. 그런데 이것이 오스만 제국의 영토와 주권을 철저히 빼앗는 가혹한 조약이었기에 오스만 제국에서는 격렬한 반대 운동이 일어났고, 영내에 진주해 있던 그리스군은 쫓겨났다(그리스-터키 전쟁). 또한 세브르 조약에 조인한 오스만 황정이 쓰러지고 1923년에 연합국과 새로 로잔 조약을 체결함으로써 영토와 주권을 회복하자 터키공화국의 수립을 선언했다.

참고로 사이크스-피코 협정에서 오스만 제국 분할안에 참가했던 러시아는 이후 러시아 혁명이 일어나 단독으로 독일과 강화 협정을 체결한다. 발칸 반도에서 세력을 확대하고 오스만 제국까지도 분할 통치함으로써 흑해 방면으로 남하를 꾀했던 러시아의 야심이 자국 내에서의 혁명에 발목이 잡혀 좌절된 것이다.

러시아가 도중에 전선에서 이탈하자 영국과 프랑스가 오스만 제국의 분할 통치를 결정했는데, 그 결과 생겨난 중동 문제 중 하나가 쿠르드인 문제다. 영국과 프랑스가 제멋대로 각자의 위임 통치령을 결정한 탓에 쿠르드인의 지역이 터키, 영국과 프랑스의 세력 아래 있는 이라크, 시리아, 이란 등으로 분단되어 버린 것이다. 사실 처음에 체결된 세브르 조약에는 쿠르드인의 독립 국가 건설을 인정하는 조항이 있었다. 그런데 터키공화국의 영토 회복을 인정한 로잔 조약에서는 그 조항이 삭제되어 버렸다.

자기 나라를 갖지 못한 쿠르드인은 각국에서는 소수민족에 불과하지만 전부 합치면 약 3,000만 명에 이르는 것으로 추정되고 있다. 그들의 독립 문제는 제1차 세계대전 이후 지금도 중동의 최대 현안으로 꼽히고 있다.

제1차 세계대전이 근원이 된 또 하나의 중동 문제는 팔레스타인 문제다. 현재의 요르단을 포함하는 팔레스타인은 제1차 세계대전 후 영국의 위임 통치령이 되었고, 밸푸어 선언에 따라 유대인들이 팔레스타인으로 향했다.

당시는 원래 팔레스타인에 살고 있던 아랍인과 새로 이주한 유대인이 비교적 평화롭게 공존했다고 한다. 그러나 유대인 이주자가 늘어남에 따라 점차 토지 싸움이 일어나기 시작했고, 팔레스타인인과 유대인의 대립이 심각해져 갔다.

그런데 통치국인 영국은 이를 제어하지 못했다. 어찌할 바를 모르다 제2차 세계대전 후 책임을 포기하고 UN에 떠넘겼기 때문에 팔레스타인 문제는 더욱 수렁 속으로 빠져들어 아직도 해결되지 않고 있다.

우리는 모두 뭉뚱그려서 이슬람교도라고 하지만, 사실 그 내부는 매우 복잡하다. 그들은 국가에 대한 귀속의식보다 민족에 대한 귀속의식이 더 강하며, 쿠르드인의 예와 같이 국경과 민족이 반드시 일치하지는 않는다. 또한 이슬람교에는 수니파와 시아파라는 2대 종파가 있는

데, 다수파인 수니파와 소수파인 시아파가 오랜 기간 대립을 계속하고 있다. 이 종파와는 별개로 터키주의, 아랍 민족주의, 페르시아주의 등 조금씩 다른 민족주의도 있다.

종파도 민족주의도 최대 개념인 이슬람 공동체 '움마'에 대한 귀속 의식은 공유한다. 그러나 이란-이라크 전쟁처럼 같은 이슬람교 국가 사이에서 일어난 전쟁에는 수니파와 시아파의 역사적 대립이 얽혀 있는 경우도 있다. 이와 같은 배경을 전혀 고려하지 않고 승전국이 멋대로 결정해 나누고 합쳐버린 것이 제1차 세계대전이 낳은 결과 중 하나였다. 아랍권 사람들은 열강의 이기적인 영토 욕심에 휘둘린 것이다.

이후 중동은 과거의 발칸 반도를 능가한다고 해도 과언이 아닐 만큼 리스크가 높은 화약고가 되어버렸다. 현재 최대 현안은 역시 이슬람 과격파 조직인 '이슬람국가'의 대두라고 할 수 있다. 이 책의 집필이 거의 막바지에 접어들었을 무렵, 파리에서 테러가 발생해 150명에 가까운 사람이 죽었다. 테러 직후 이슬람국가가 범죄 성명을 냈으며 프랑스 공군이 보복 공습을 했다는 뉴스도 있었다. 참고로 테러가 발생한 11월 13일은 1918년에 영국군과 프랑스군이 오스만 제국의 이스탄불을 제압한 날이다. 요컨대 성전을 외치는 이슬람국가로서는 이날을 이슬람교도가 크리스트교도에게 침략당한 치욕스러운 날이자 복수를 하기에 걸맞은 날로 생각했을 수도 있다.

주모자 중에는 유럽 국적을 가진 이슬람국가 지지자도 포함되어 있다고 한다. 여기에서도 전쟁의 역사가 만들어낸 유럽 이민 사회의 복잡성과 어두운 부분을 엿볼 수 있다. 유럽에서는 그전부터 런던이나 마드리드에서 일반 시민을 타깃으로 한 이슬람 과격파의 테러가 발생하고 있다. 또한 중동 국가에서는 이를 능가하는 규모의 테러가 일상다반사로 일어나고 있다. 뿌리 깊은 증오의 연쇄는 사라질 기미를 보이지 않고 있다. 비겁하기 짝이 없는 테러에 희생된 사람들에게 진심으로 애도를 표한다.

다만 지정학적으로 보면 1916년의 사이크스-피코 협정에서 알 수 있듯이 유럽 국가들이 민족을 무시하고 아랍권을 멋대로 분할하고 그후 제대로 제어하지 못한 여파가 오늘날 다양한 형태로 나타나고 있는 것이다. 미국이 이라크의 민주화를 위해 후세인 정권을 쓰러뜨렸지만 그 잔당이 이슬람국가를 만든 것도 그 여파 중 하나이며, 이번에 일어난 파리 테러도 여기에서 비롯된 비극이라고 볼 수 있을 것이다.

제2차 세계대전
전쟁에 질려 공동체 결성에 나서다

제1차 세계대전이 끝난 뒤 세계에 새로운 질서가 정착되는 듯 보였지만 평화는 오래 계속되지 못했다. 제1차 세계대전으로 유럽 전역이 피폐해졌으며, 막대한 희생을 치르면서 시작된 베르사유 체제에 패전국뿐 아니라 승전국도 크고 작은 불만을 품었던 것이다.

승전국인 영국과 프랑스도 전쟁이 끝난 뒤 줄곧 경제 불안이 계속되면서 국민의 불만이 높아지고 불안정한 정세가 계속되었다. 이탈리아에서는 1922년에 국가 파시스트당의 무솔리니(1883~1945)가 총리에 임명되었다. 제1차 세계대전에서 승전국이 되었음에도 영토를 만족스럽게 얻지 못하자 국내에서 불만이 축적되었던 것이다. 무솔리니는 그 민중의 마음을 사로잡아 파시즘을 성립시켜 나갔다.

제1차 세계대전 이후 탄생한 발칸 반도와 동유럽의 국가들은 독립에 성공은 했지만 국가로서 미숙한 상태였기에 불안정했다. 또 복잡한 민족 분포와 국경선이 반드시 일치한 것도 아니어서 새로 탄생한 국가 내에서도 민족 분쟁이 끊이지 않았다.

패전국인 독일은 거액의 배상금에 신음했지만 미국으로부터 자본을 도입해 간신히 경제를 재건하고 있었고, 해외 수출을 늘림으로써 외화를 벌어 배상금을 지급한다는 부흥의 시나리오를 계획하였다.

이와 같이 베르사유 체제에서 유럽 각국은 모두 안정적이라고는 말하기 어려운 상황에 처해 있었지만, 바다를 사이에 두고 유럽과 멀리 떨어져 있는 미국은 상황이 달랐다. 자국의 영토가 전쟁에 휘말리는 일도 없었던 미국은 제1차 세계대전 도중부터 전후에 걸쳐 크게 경제를 발전시켰다.

전쟁의 도화선에 불을 붙인 세계 공황

1929년에 발생한 뉴욕 주식 시장의 대폭락과 여기에서 비롯된 세계 대공황은 그런 상황 속에서 찾아온 사건이었다. 전 세계가 대공황의 파도에 휩쓸렸는데, 그중에서도 거액의 배상금을 떠안은 독일의 상황은 특히 심각했다. 자본주의 국가들은 자국의 경제를 보호하기 위해 일제히 수입 제한, 관세 인상, 블록 경제를 실시했다. 이렇게 보호 경제가 블록화되면 경제의 기초 체력이 약한 나라나 수출에 의존하는 나라는 순식간에 먹고살 길이 막막해진다. 수출을 늘려서 배상금을 갚으려 했던 독일은 가장 큰 피해자였다고 할 수 있다.

1932년이 되자 독일의 실업자 수는 620만 명에 이르렀는데, 이러한 사회 불안 속에서 국민들의 지지를 빠르게 얻은 정당이 있었다. 히틀러가 이끄는 나치스, 그리고 공산당이었다. 그중에서도 나치스는 자신들에게 불합리하기 짝이 없는 베르사유 조약의 파기를 호소했다. 그리고 동시에 게르만 민족 지상주의와 유대인 배척, 타도 공산당을 외치며 순식간에 공산당을 몰아내고 나치스의 일당 독재 체제를 확립했다. 여기에는 통솔력과 말솜씨가 뛰어난 히틀러의 힘이 크게 작용했다. 제1차 세계대전으로 경제적으로나 정신적으로나 큰 상처를 입었던 독일 사람들은 히틀러가 이끄는 나치스에 매료되어 갔다.

전체주의적인 국가 운영을 실시한 히틀러는 대규모 공공사업으로 실업자를 단번에 줄였으며 베르사유 조약을 무시하고 다시 전쟁 준비를 시작했다. 그리고 1938년, 마침내 이웃 나라를 상대로 실력 행사에 들어갔다. 1938년에는 오스트리아와 체코슬로바키아의 주데텐 지방을 병합했고, 1939년 3월에는 체코와 슬로바키아를 각각 보호령과 보호국으로 삼고 리투아니아의 메멜 지방을 할양케 하더니 폴란드에도 영토 반환을 요구했다.

체코슬로바키아까지는 독일의 요구를 받아들였던 영국과 프랑스도 독일이 폴란드까지 손을 뻗는 것은 용인할 수 없었다. 그래서 폴란드를 지원한다는 방침을 명확히 하고 독일에 대항하기 위해 소련에 동맹을 제안했다. 그러나 독일에 대한 영국과 프랑스의 대응을 보면서 불신감을 품은 소련은 오히려 독일에 접근한다. 이렇게 해서 서로 대립했던 독일과 소련 사이에 불가침 조약이 체결되었다.

독소 불가침 조약을 통해 동유럽에서 소련의 위협을 억제한 독일은 폴란드를 침공한다. 그러자 폴란드 지원 방침을 천명했던 영국과 프랑스는 독일에 선전포고를 했고, 이렇게 해서 유럽은 또다시 전면전에 돌입한다.

유럽에서 진행된 제2차 세계대전의 경과

제2차 세계대전의 주요 참전국은 독일, 이탈리아, 일본으로 구성된 추축국과 영국, 프랑스, 미국, 소련, 중국으로 구성된 연합국이다. 다만 여기에서는 유럽에 초점을 맞춰서 추이를 살펴보도록 하겠다. 1939년에 전쟁이 시작된 뒤 독일의 진격은 계속되었다. 스칸디나비아 반도에서는 덴마크와 노르웨이를 급습하는 한편, 서부 전선에서도 중립국인 네덜란드와 벨기에를 돌파해 마침내 프랑스까지 진격한다. 그러나 여기에서 독일은 갑자기 기세를 잃게 된다. 영국이 독일 공군의 격렬한 공격을 끈질기게 버텨낸 끝에 마침내 상륙을 저지했기 때문이다. 영국 상륙이 좌절된 독일은 다시 동유럽, 발칸 반도로 눈을 돌린다. 헝가리와 불가리아, 루마니아를 동맹에 끌어들이더니 유고슬라비아와 그리스를 점령한 것이다.

독소 불가침 조약을 체결했다고는 하지만, 서부 전선에 있어야 할 독일이 돌아온 이상 소련도 평화로울 수는 없었다. 결국 독일은 1941년 6월에 독소 불가침 조약을 일방적으로 파기하고 소련으로 진격한다. 그러나 독일의 기세를 저지하고 싶은 영국과 미국이 소련을 지원했고, 독일은 극한의 추위 속에서 싸우다 1943년 초에 철수를 결정한다.

한편, 이탈리아는 반파시즘 운동이 고조되어 가던 시기에 영국과 미국 연합군이 상륙해 무솔리니 정권이 쓰러지자 무조건 항복한다. 이제 연합군은 독일이 점령 중인 프랑스로 향했고, 1944년 6월에 노르망디 상륙 작전을 실시한다. 여기에 점령지 곳곳에서도 저항 운동이 거세지면서 독일은 점점 세력을 잃어갔다. 결국 동쪽과 서쪽에서 소련군과 영·미 연합군이 독일을 향해 진격하는 가운데 히틀러가 자살하고, 이탈리아에 이어 독일도 1945년 5월에 무조건 항복한다.

제3장에서 언급했듯이 독일은 제2차 세계대전 후 미국, 영국, 프랑스, 소련에 분할 점령되며, 미국, 영국, 프랑스와 소련의 이데올로기 대립의 결과 1949년에 동서로 분단된다. 그 후 핵 개발 경쟁으로 대표되는 미국 대 소련의 냉전 구도에 유럽도 적지 않게 관여하게 된다.

NATO, EU 결성

군사와 경제의 양 측면에서 소련을 봉쇄하는 서유럽

NATO는 1949년에 공산주의가 아시아에도 확대되어 냉전 구도가 세계 규모로 고착되는 가운데 서방 국가들이 손을 잡은 대규모 군사 동맹이다(그림 4-4). 북아메리카의 미국, 캐나다와 영국, 프랑스를 비롯한 서유럽 국가들이 가입했으며, 가입국이 무력행사를 당할 경우 집단적 자위권을 발동해 대응하도록 되어 있다.

당연한 말이지만, NATO는 소련이 이끄는 사회주의 국가에 대한 포위망이었다. 1948년에 체코슬로바키아에서는 공산당이 쿠데타를 일으켜 공산당 정권을 탄생시켰다. 또 같은 해에 서쪽에서는 서독이 통화 개혁을 실시했는데, 이에 대해 소련이 베를린 봉쇄를 강행해 독일의 동서 분단이 결정되었다. 여기에 1949년, 트루먼(1884~1972) 미국 대통령은 소련이 마침내 핵 실험을 단행했다고 단정했다.

이와 같이 냉전 구도는 점점 눈에 띄게 격화되어 갔다. 그러나 이에 대항하는 서유럽 국가들은 식민지 시대가 끝나자 경제 규모도 축소되었고, 나아가 몇 차례의 전쟁을 거치면서 경제력과 군사력 모두 약해져 있었다. 제1차 세계대전 이전부터 위협이었던 독일을 봉쇄하자마자 새로운 위협에 직면한 것이다.

이에 영국과 프랑스는 미국을 끌어들여 서방 국가들과 군사 동맹을 맺는 방법을 생각해 냈다. 여기에는 군사적 방어력을 강화하는 동시에 미국의 군사적 억지력 아래 경제 성장을 꾀한다는 의도도 있었다.

NATO 성립의 배경에는 이와 같은 사정이 있었다. NATO가 생긴 이후 높아지는 긴장감 속에서 미국은 더욱 존재감과 영향력을 발휘해 갔다. 서유럽 국가들에 핵 탑재가 가능한 탄도 미사일을 제공해 각국의 군대에 배치시켰다. 한편 일본과도 안보 조약을 체결해 서서히 소련 포위망을 형성해 갔다.

EC에서 EU로, 지역 내 연대 체제의 완성

EU는 1993년에 발족했다. 과거에 맹위를 떨쳤던 제국주의는 두 차례의 세계대전을 거치며 완전히 몰락했다. 미국의 마셜 플랜(유럽의 경제 부흥 원조 정책)으로 착실하게 경제 부흥을 진행한 유럽 국가들은 유럽 지역 내의 경제적인 연대를 추구하게 되었다. 프랑스, 독일 등에서 단계

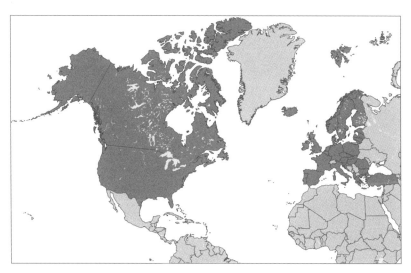

그림 4-4 NATO·EU 가입국

적으로 석탄 철강 공동체와 경제 공동체 같은 공동체가 결성되었고, 1967년에는 EC(유럽 공동체)가 발족한다. EU는 말하자면 그 확대 버전으로, 가입국의 범위도 크게 확대되었다. 또한 EU 내에서는 동일 화폐인 유로를 사용한다는 새로운 시도도 채용되었다. 비참한 전쟁을 반복해 온 유럽 국가들이 앞으로는 운명을 함께 하겠다는 듯 진지하게 경제 공영권을 만드는 도전을 시작한 것이다. 다만, EU가 곧 유로권은 아니다. 영국처럼 EU 가입국이지만 유로를 도입하지 않은 나라도 있다(영국은 2016년 6월 23일에 실시한 국민 투표에서 EU 탈퇴를 결정하였다-옮긴이).

이와 같이 제2차 세계대전 이후 서유럽에서는 NATO와 EC(훗날의

EU)라는 두 체제를 통해 과거에 없었던 새로운 질서와 협력관계가 구축되었다. 그러나 1989년 베를린 장벽 붕괴, 1991년 소련 붕괴로 냉전이 종식되자 특히 NATO의 존재 이유가 흔들리게 된다. 본래 NATO는 소련에 대응하기 위한 군사기구였으므로 소련의 붕괴와 함께 설립 이념이 해소되어 버렸기 때문이다. 그러나 NATO가 해체되는 일은 없었다. NATO는 새로운 존재 의의를 추구하며 정의를 수정해, 북대서양뿐만 아니라 세계의 민족 분쟁으로까지 활동 범위를 넓힌 것이다.

유고슬라비아 분쟁은 NATO가 실전에서 활동한 최초의 사례다. 미국의 독단전행이라는 색채가 강하기는 했지만, NATO 공군은 세르비아를 공습해 코소보의 독립을 지원했다. 제1차 세계대전 후에 탄생한 다민족 국가 유고슬라비아는 격렬한 분쟁 끝에 다섯 나라로 분열되었다. 그리고 당연한 말이지만 다섯 나라 모두 NATO 가입을 희망했다. 러시아의 불쾌감과 위기감 속에서 NATO는 착실히 동유럽으로 세력을 확대해 나갔다.

냉전은 종결되었지만 NATO 본래의 이념이 완전히 의미를 잃은 것은 아니다. 러시아는 지금도 사회주의 국가이며, 기본적으로 미국이나 서유럽, 그 밖의 NATO 가입국과는 가치관도 체제도 다르기 때문이다. 따라서 NATO 가입국과 러시아의 힘겨루기는 소련이 러시아가 된 지금도 계속되고 있다고 봐야 한다. 실제로 2014년의 크림 위기 당시는 러시아의 위협에 대항하는 우크라이나를 지원함으로써 러시아를 봉쇄한다는 NATO 본래의 이념이 부활하는 조짐조차 보였을 정도다.

EU는 왜 문제아인 그리스를 포기하지 못하는가

2015년 6월에는 러시아와 터키 사이에서 진행되고 있는 천연가스 파이프라인 건설 계획(투르크스트림)에 그리스도 참여한다는 데 러시아와 그리스가 합의했다는 보도가 있었다. 러시아의 천연가스를 그리스를 경유해 유럽에 수출하는 계획이라고 한다. 마침 그리스 위기로 그리스의 EU 탈퇴 가능성조차 거론되던 시기에 들린 소식인데, 이것은 결코 우연이 아니다.

　　그리스 위기는 EU 지역 내의 경제 문제로 이야기되고 있지만, 이것은 표면적인 모습에 불과하다. EU는 곧 NATO이며, 그리스가 EU에서 탈퇴하는 것은 곧 NATO가 지중해 연안의 군사 동맹국을 하나 잃는다는 의미다. 요컨대 그리스 위기는 실질적으로 유럽의 안전 보장 문제인 것이다. 러시아가 볼 때 이것은 소련 붕괴 이후 줄곧 눌려 왔던 기세를 조금이나마 되찾을 절호의 기회다. 그리스에 접근해 파이프라인 건설 계획을 제안하는 재빠른 대응을 보인 것도 이해가 된다. 이런 사정에서 그리스를 곱지 않은 시선으로 바라보고 있는 EU 국가들도 그리스를 EU에서 탈퇴시키지는 않을 것이다. NATO 설립국 중 하나인

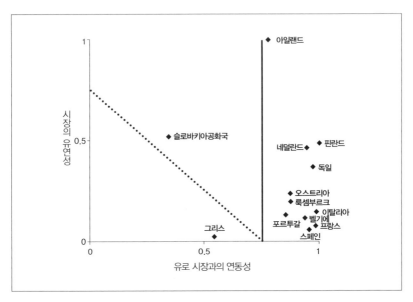

그림 4-5 유로에 대한 각국의 적합성

미국도 그리스가 NATO를 빠져나가게 되면 곤란하므로 어떻게 해서든 그리스를 EU에 잔류시키려고 움직였을 것이다.

　결국 그리스는 2015년 7월의 국민 투표에서 금융 지원을 받는 조건으로 강력한 긴축 재정을 실시할 것을 받아들였다. 국민이 EU 잔류를 선택한 것인데, 그리스는 좀 더 강하게 나올 수도 있었을 것이다. 강경한 자세로 교섭을 계속해, 결론적으로는 EU(와 NATO)에 잔류하는 대신 유로권에서 빠져나와 자국 통화를 부활시킨다. 필자는 이것이 그리스 국민을 위한 가장 좋은 선택이었다고 생각한다.

그 근거는 로버트 먼델이라는 경제학자가 제창한 최적 통화권 이론이다. 이 이론은 두 가지 중 한 가지라도 충족된다면 동일 통화를 사용하는 편이 이익이라는 것이다. 두 가지 조건은 다음과 같다.

① 동일 통화를 사용하는 지역 내의 경제 변동과 자국의 경제 변동이 서로 비슷하다.
② 혹은 자국의 경제 구조가 변화에 대응할 수 있을 만큼 유연하다.

이 이론으로 유로 가입국(데이터를 확보할 수 있는 나라만을 대상)의 적합성을 살펴보자. 그림 4-5에서 세로선보다 오른쪽에 위치한 나라는 ①과 ②의 조건 중 하나 혹은 양쪽을 만족하는 국가다. 세로선보다 왼쪽에서도 점선 위라면 아직 괜찮다. 그렇다면 그리스는 어디에 있을까? 유로와의 연동성도 시장의 유연성도 매우 낮은 까닭에 세로선을 기준으로 봤을 때나 점선을 기준으로 봤을 때나 적합권 밖에 위치하고 있다. 그리스는 그래프에 있는 국가들 가운데 가장 유로를 사용하기에 적합하지 않은 나라인 것이다.

이야기했듯이 EU 국가들도, 미국도 그리스의 EU, NATO 탈퇴를 원하지 않는다. 만약 그리스가 EU와 NATO를 탈퇴할 의향을 진지하게 드러냈다면 좀 더 관대한 조건을 제시받았을 가능성이 높다. 교섭의 칼

자루는 오히려 그리스가 쥐고 있었던 것이다.

2009년의 그리스 위기(유럽 재정 위기) 때는 분명히 강력한 긴축 재정을 실시한 결과 그리스의 재정이 개선된 바 있다. 그러나 실업률은 상승했다. 국민을 불행하게 만드는 경제 정책으로 국가를 운영하는 것은 본말이 전도된 것이다. 이번 그리스 위기도 그 전철을 밟을 가능성이 높다고 보는 편이 옳다. 또한 그리스가 유로와의 적합성을 생각하지 않고 유로를 고집하는 한 같은 문제가 반복될 것이다.

어쨌든 그리스 위기의 혼란 속에서 러시아는 파이프라인 계획을 제시해 그리스와 합의했다. 물론 러시아로부터도 에너지를 수입하고 있는 유럽에는 러시아와 연결된 기존의 파이프라인이 있다. 다만 흑해를 넘어 지중해 연안에 러시아 루트가 하나 더 생기는 것을 허용함으로써 EU, NATO 가입국이 러시아에 한 방 먹었다고 봐야 할 것이다.

세계의 경찰이었던 **미국의 지정학**

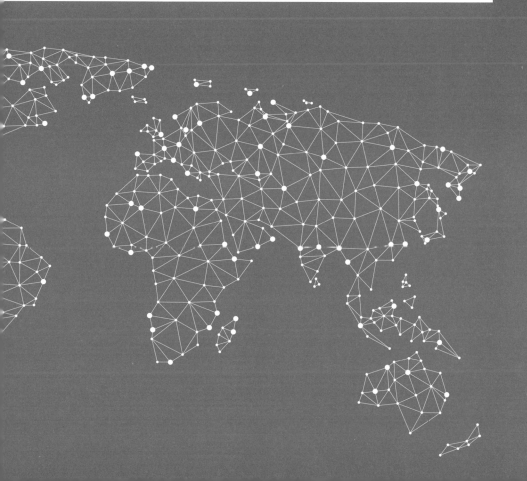

미국의 눈으로 본 세계
왜 미국은 세계의 경찰이 되었는가

원래 미국은 주로 17세기 초부터 영국에서 건너온 이민자들이 만든 식민지였다. 독립 전쟁 이후부터 시작되는 국가로서의 역사는 230년 정도로 그리 길지 않다. 그러나 현대의 국제 정치에서는 누구도 부정할 수 없는 가장 중요한 메인 플레이어다. 얼마 전까지는 세계의 경찰을 자처하며 막대한 군사 예산을 토대로 여러 지역의 분쟁에 개입했다. 그런 까닭에 미국을 호전적인 나라, 야심적인 나라로 생각하는 사람도 있는데 사실 미국은 타국의 영토에 큰 관심이 없다. 미국의 특징은 뒤에서 설명할 먼로주의로 대표되는 고립 정책이다. 미국은 19세기 중반부터 줄곧 다른 대륙으로 진출하려 하기보다 다른 대륙에서의 진출이나 간섭을 배제하는 데 힘을 쏟았다.

지도를 보면 알 수 있듯이 아메리카 대륙은 크게 북아메리카와

제5장 세계의 경찰이었던 미국의 지정학   171

남아메리카로 나뉜다. 고립 정책을 관철함으로써 미국은 남북 양쪽의 아메리카 대륙에 대한 영향력을 획득, 유지할 수 있었다. 그런 의미에서 미국의 고립 정책은 아메리카 대륙 전체를 확보하려는 정책이라고도 할 수 있을 것이다.

1867년에 미국은 재정난에 허덕이던 러시아로부터 알래스카를 구입한다. 알래스카의 가치를 높게 보아서라기보다는 대륙을 장악한다는 의미에서 사둬도 손해는 아니라고 생각했을 것이다. 그런데 미국이 사들인 직후 알래스카에서 금광이 발견되고 석유와 천연가스 같은 지하자원도 매장되어 있음이 밝혀졌다. 러시아 입장에서는 땅을 치고 후회했을 일이다. 또한 알래스카는 제2차 세계대전 이후 시작되는 냉전기의 대소 전략에서도 중요한 위치를 차지하게 된다. 캐나다의 서쪽 끝에 소련 영토가 있었다면 어땠을지 상상해 보면 고개가 끄덕여지는 이야기다.

이와 같이 미국은 대륙 밖으로 진출하기보다 대륙의 확보를 더 중요하게 여겼다. 카리브해와 태평양에서 스페인과 싸워(미국-스페인 전쟁) 섬나라들을 손에 넣기도 했지만, 이것도 유럽에서 볼 수 있었던 제국주의적인 확장주의와는 조금 성격이 다르다. 미국의 근간에는 건국 정신과도 이어지는 자유의 이념이 있었다는 점이다.

멕시코 국토의 3분의 1에 이르는 지역의 지배권을 손에 넣은 멕시코-미국 전쟁(1846~1848) 이후부터 미국은 어떤 이념을 열심히 외치기 시작했다. '우리는 북아메리카 전역을 지배하고 개발해 나갈 운명을 안고 있다'라는 자명한 운명Manifest Destiny론이다. 그리고 이것은 점차 '우리는 세계에 자유를 확산시킬 운명을 안고 있다'는 식으로 확대 해석된다.

19세기의 미국-스페인 전쟁은 그런 운명론에 기초한 전쟁이었다. 개척할 곳이 남지 않게 된 미국인들은 약체화된 스페인 제국으로부터 태평양의 식민지를 빼앗는 것이 새로운 개척지의 발견인 동시에 자유의 제국인 자신들의 자유정신을 퍼뜨리기 위한 길이라고 생각했던 것이다.

이것이 훗날 이른바 세계의 경찰이라는 의식으로 이어졌다. 이와 같은 위에서 내려다보는 시선의 사고방식은 국경선을 맞대고 있는 주변 국가들과 끊임없이 전쟁을 벌여야 했던 유럽 국가들과는 전혀 다른 지리적 조건, 즉 분쟁이 적은 거대한 해양 국가였기에 가능했다고 말할 수 있다. 이렇게 해서 19세기 중반까지 고립주의를 취했던 미국은 19세기 말 이후 개척할 곳이 없어지자 태평양으로 진출하기 시작했다.

• 미국의 주요 전쟁사 1898년~ •

1898년 　　　　　미국-스페인 전쟁

미국이 스페인에 시비를 걸어 태평양의 스페인 식민지를 빼앗은 전쟁. 불과 4개월 만에 승리해 필리핀과 괌을 손에 넣었다.

1914년 　　　　　제1차 세계대전

타국의 분쟁에는 간섭하지 않던 미국이 변화하는 큰 계기가 된 전쟁. 실질적으로는 그다지 크게 관여하지 않았지만, 전란에 편승해 카리브해의 두 나라를 간단히 손에 넣었다.

1939년 　　　　　제2차 세계대전

처음에는 참전하지 않았으나, '파시즘과 군국주의에 대한 자유와 민주주의의 싸움'이라는 대의명분을 내걸고 참전해 차례차례 전황을 뒤엎었다.

1950년 　　　　　한국전쟁

자본주의 대 공산주의, 미국 대 소련의 대립이 한반도에 그대로 반영되었다.

1960년 　　　　　베트남 전쟁

아시아에서의 미국과 공산주의의 대립을 상징하는 전쟁. 미국이 사실상 패배했으며, 두 나라 모두 오랫동안 전쟁의 후유증에 시달렸다.

1962년 　　　　　쿠바 위기

냉전기에 세계를 가장 긴장시켰던 사건. 미국과 소련이 일촉즉발의 상태가 되어 핵전쟁의 현실감을 피부로 느꼈던 사건이며, 동서가 세계 규모의 위기를 회피하기 위해 대화를 나누는 계기도 되었다.

1980년 　　　　　　이란–이라크 전쟁

미국의 중동에 대한 무력 개입의 근원. 이때 자신들이 뿌렸던 씨앗이 이라크의 쿠웨이트 침공을 초래해 걸프 전쟁을 벌이게 된다.

1990년 　　　　　　걸프 전쟁

민주화라는 명목의 지배와 석유 이권이 실질적인 목적으로 평가되고 있다.

미국-스페인 전쟁
스페인에 승리해 아시아에 거점을 구축하다

1823년, 미국의 제5대 대통령 제임스 먼로(1758~1831)는 먼로 교서를 통해 고립주의를 제창했다. 이것을 먼로 독트린이라고 부르는데, 주로 다음의 네 가지 내용을 담고 있다.

- 미국은 앞으로 유럽의 국가 간 분쟁에 간섭하지 않는다.
- 현재 남·북아메리카에 존재하는 유럽의 식민지를 인정하며 간섭하지 않는다.
- 유럽의 어떤 나라든 이 이상 아메리카 대륙에서 식민지를 늘리는 것을 용납하지 않는다.
- 스페인으로부터 독립하려 하고 있는 라틴아메리카의 국가에 간섭하는 것은 미국에 대한 적대행위로 간주한다.

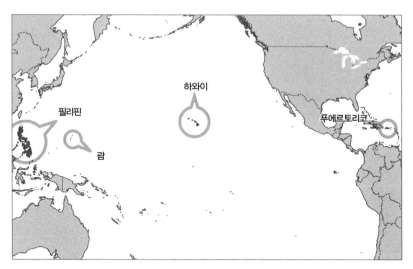

그림 5-1 미국-스페인 전쟁과 하와이 병합 : 미국이 획득한 영토

당시 라틴아메리카의 스페인과 포르투갈 식민지에서는 나폴레옹 전쟁에서 스페인이 점령된 것을 계기로 독립 운동이 벌어지고 있었다. 스페인의 식민지 지배력은 이 무렵부터 급격히 약화된다. 그래서 미국은 먼로 교서를 발표함으로써 유럽 국가에 대한 견제와 아메리카 대륙에 대한 구역 선언을 한 것이다. 고립주의라고는 하지만 본질적으로는 아메리카 대륙 확보 작전이었다고 할 수 있다.

그러나 19세기 말, 영국을 제치고 세계 최대의 공업 생산력을 갖추게 된 미국은 라틴아메리카뿐만 아니라 태평양으로도 진출을 꾀하기 시작한다. 이것은 그때까지 대륙의 서쪽을 끊임없이 개척해 온 개척 정신이 전진할 곳을 잃은 시기와 정확히 일치한다. 개척할 곳이 사라지자 다음 개척지를 찾아 태평양으로 진출하려 한 것이다.

미국-스페인 전쟁은 1898년에 미국이 스페인에 시비를 걸어 태평양의 스페인 식민지를 빼앗은 전쟁이다. 미국은 이미 약체화가 진행 중이던 스페인을 상대로 불과 4개월 만에 승리하고 스페인의 식민지인 필리핀과 괌 등을 손에 넣었다(그림 5-1).

미국-스페인 전쟁에서 미국의 압도적인 승리에 공헌한 것이 하와이의 존재였다. 당시 미국은 이미 진주만의 독점 사용권을 갖고 있었는데, 미국-스페인 전쟁을 통해 하와이의 중요성과 유용성이 더욱 부각되었다. 태평양에서 싸울 때 군의 보급지로서 최적의 지리적 요건을 갖춘 곳이었던 것이다. 이것이 미국의 하와이 병합의 움직임을 더욱 가속시켰다. 본토의 여론이 높아지자 미국은 미국-스페인 전쟁이 종결되기 직전인 1898년 7월에 하와이를 준주準州로 정식 병합했다. 수차례에 걸친 하와이 왕조 부활의 움직임을 힘으로 제압한 뒤에 단행한 정식 합병이었다.

미국-스페인 전쟁에서 승리함으로써 단숨에 아시아 진출의 교두보를 손에 넣은 미국은 1899년에 청을 상대로 통상권과 관세 등을 모든 나라에 평등하게 하도록 요구하는 '문호 개방 선언'을 발표했다. 이미 영국과 프랑스, 러시아, 독일이 진출한 중국 대륙에 억지로 비집고 들어가려 한 것이다.

제1차 세계대전
전란에 편승해 카리브해의 국가를 점령하다

1914년, 제1차 세계대전이 발발한다. 미국은 전쟁이 막바지에 접어든 1917년 4월에 참전하지만, 제1차 세계대전은 타국의 분쟁에 간섭하지 않겠다고 선언했던 미국이 변화하는 커다란 계기가 된 전쟁이라고도 할 수 있다.

미국은 영국과 프랑스에 대량의 산업 제품을 수출하는 동시에 거액의 자금도 지원하고 있었다. 그런데 만약 연합국이 패배한다면 자국의 산업 수출이 크게 감소할 뿐만 아니라 채권도 회수하지 못하게 될 우려가 있었다. 참전의 직접적인 계기는 독일의 무제한 잠수함 작전이었다. 영국의 함선이 무차별적으로 공격받는 가운데 미국인 여행자가 희생되는 사건도 일어나면서 반독일 여론이 급격히 고조되었다. 그리고 무제한 잠수함 작전 때문에 해상 교통과 무역을 방해받은 미국은 마침

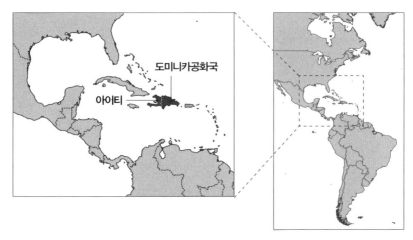

그림 5-2 제1차 세계대전 : 미국이 병합한 나라

내 연합군으로 참전할 것을 결정한다.

　이 같은 경위로 제1차 세계대전에 참전하기 직전인 1915년과 1916년, 미국은 프랑스와 스페인의 지배에서 벗어났던 아이티와 도미니카공화국을 점령한다(그림 5-2). 쿠바의 바로 동쪽에 위치한 히스파니올라 섬을 양분하는 두 나라는 독립 과정에서 발생한 채무와 배상금에 허덕이고 있었는데, 이런 상황에서 독일이 간섭하기 시작했으며 식민지로 삼으려는 움직임도 보이고 있었다.

　미국으로서는 자국의 뒤뜰인 카리브해가 유럽 국가의 손아귀에 놀아나는 것이 달가울 리가 없었다. 그래서 제1차 세계대전으로 유럽이 혼란스러운 틈을 타 채무 상환을 구실로 양국에 군대를 보내 점령한 것이다. 미국이 제1차 세계대전 자체에 실질적으로 관여한 비중은 그리 크지 않았다. 그러나 한편으로 전란에 편승해 카리브해의 두 나라를 간단히 손에 넣었다.

제2차 세계대전
미일 안보의 시작

1939년에 독일이 폴란드를 침공하면서 시작된 제2차 세계대전에 미국은 처음에는 참전하지 않았다. 그러나 파시즘이 대두되고 태평양권으로 진출한 일본이 미국의 영토와 이권까지 위협하기 시작하자 결국 참전을 결정한다.

미국이 참전을 결정하고 태평양전쟁이 시작된 표면적인 원인은 진주만 공격이다. 다만 미국과 영국은 그전에 이미 나치스 타도와 전후 처리의 구상을 명시한 대서양 헌장에 합의한 바 있었다. 미국의 참전은 일본의 기습 공격 이전에 이미 결정되어 있었다고도 볼 수 있다. 파시즘과 군국주의에 대한 자유와 민주주의의 싸움이라는 대의명분을 내건 미국은 그 후 차례차례 전황을 뒤엎어 갔다.

1944년 6월, 미국이 주도하는 연합군은 독일이 점령 중이던 프랑스의 노르망디에 상륙 작전을 개시한다. 1945년이 되자 미군은 소련군, 영국군과 함께 동서에서 독일로 진격해 히틀러의 자살과 독일의 무조건 항복이라는 결과를 만들어냈다.

아시아 전선에서는 괌 등 일본에 점령당했던 태평양의 영토를 탈환하고 일본에 대한 대규모 폭격과 전투를 통한 오키나와 점령, 히로시마와 나가사키에 대한 원자폭탄 투하를 실시한다. 아울러 1945년 2월에는 영국과 함께 소련과 밀약을 맺어 소련이 소련-일본 중립 조약을 파기하고 일본을 공격하게 함으로써 일본을 무조건 항복시키는 데 성공한다. 이렇게 해서 미국은 연합군의 승리를 이끌었다.

제2차 세계대전 기간 동안 파시즘·군국주의와 맞서 싸운다는 명목으로 서로 협력했던 미국과 소련은 전쟁이 끝나자 전후 국제사회의 주도권을 놓고 대립하게 된다. 일본을 점령한 미국은 나아가 한반도로 진출을 꾀하고 있었으며, 소련 역시 남하해 한반도까지 영토를 넓힐 생각이었다. 그 결과 일어난 것이 한반도의 분할이다. 당장은 승부가 나지 않으리라 생각한 두 나라는 아시아의 거점을 자신들 멋대로 나눠 가진 것이다.

그 후 한반도에는 미국과 소련이 각각 지원하는 2개의 독립 국가가 탄생했고, 자본주의 대 공산주의, 바꿔 말하면 미국과 소련의 대립이 그대로 반영되게 된다. 1950년에는 남북통일을 둘러싸고 한국전쟁

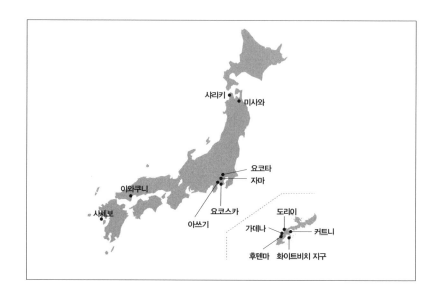

오키나와의 주일 미군 기지

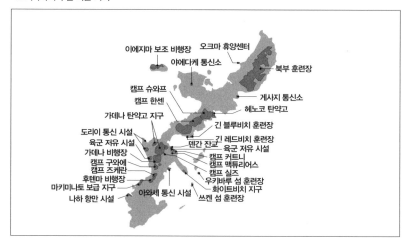

그림 5-3 주일 미군 기지

이 발발한다. 제2장에서 설명했듯이 한국을 지원한 미국은 도중에 의용군을 보내 북한을 지원한 중국과 밀고 밀리는 치열한 싸움을 벌였고, 결국 원래의 경계선이었던 38도선 부근에서 대치한 채 휴전 상태가 되었다.

일본은 1952년에 샌프란시스코 강화 조약을 통해 주권을 회복한다. 1951년과 1960년에는 미일 안보 조약이 체결되어 일본 각지에 미군 기지가 건설된다. 안전 보장을 축으로 한 미국과 일본의 강한 유대는 이때부터 시작되었다(그림 5-3). 이렇게 해서 일본을 영향력 아래에 둠으로써 미국은 아시아에 확고한 거점을 구축했다. 특히 한반도와 중국에 대한 접근로를 얻은 것은 냉전 시대에 소련과의 관계에 큰 영향을 끼치게 된다.

마셜 플랜

막대한 부흥 지원금으로 서유럽 국가들을 길들이다

마셜 플랜은 1947년에 트루먼 대통령 정권의 마셜(1880~1959) 국무장관이 발표한 것으로, 간단히 말하면 제2차 세계대전으로 잿더미가 된 유럽 국가들을 위한 대규모 경제 부흥 원조 계획이다. 다만 미국이 자기 돈을 써가며 유럽을 지원한 데는 또 다른 목적이 있었다. 공산 세력을 경제, 군사, 정략 등 온갖 측면에서 봉쇄해야 한다고 생각한 트루먼 정권은 같은 해에 '봉쇄 정책'을 발표한 바 있었다. 요컨대 유럽의 조기 부흥과 경제 안정을 촉진함으로써 공산주의의 영향을 최소한으로 억제한다는 것이 마셜 플랜의 진짜 목적이었던 것이다. 또한 미국은 1949년에 NATO 결성을 추진함으로써 군사적으로 소련 포위망을 강화한다.

마셜 플랜을 통한 지원이 시작되자 급속히 숨통이 트인 서유럽 국가들은 서로와의 결속, 미국과의 결속을 강화해 나갔다. 한편 소련은 마셜 플랜을 '지원이라는 명목으로 미국 제국주의를 확대하려는 수작'이라고 비난하고 1949년에 동유럽 국가들을 대상으로 한 경제 상호 원조 회의를 결성한다. 이렇게 해서 미국을 중심으로 한 서유럽 진영과 소련을 중심으로 한 동유럽 진영이라는 동서 냉전 구도가 고착화되었다.

또한 마셜 플랜에는 미국의 자국 산업·경제 문제에 대한 대책이라는 또 다른 중요한 측면이 있었다. 미국의 산업은 제2차 세계대전을 통해 급속히 활성화되었지만, 유럽의 경제가 부흥하지 못하면 자국의 상품을 수출할 수가 없었다. 거대한 생산력으로 상품을 잔뜩 만들어도 팔 곳이 없으면 상품이 남아돌아 썩고 만다. 요컨대 해외 시장이 최대한 빨리 회복되지 않으면 과잉생산 상황에 빠져 국내 산업이 파탄을 맞이할 위험성이 있었던 것이다. 미국산 지원 물자를 대량으로 보냄으로써 생산력을 썩히지 않고, 유럽과의 무역을 빠르게 정상화함으로써 전후 미국의 국내 경제의 타격을 최소화한다. 마셜 플랜은 이를 위한 중요한 정책이기도 했다. 이렇게 해서 마셜 플랜은 유럽의 경제 부흥과 미국의 경제 위기 회피 양쪽 모두에 이로운 결과를 가져왔다.

전쟁이 끝난 뒤에도 유럽에 주둔하고 있던 미군은 부흥 지원이 성공을 보임에 따라 서서히 철수를 시작한다. 비록 유럽의 동서 분열을 촉진하기는 했지만 서유럽 국가들의 결속을 강화하고 미국과의 신뢰 관계를 구축하는 데 성공했다고 할 수 있다. 그 후 한국전쟁이 발발하는 등 냉전 구도가 세계적으로 전개되기 시작하자 미국은 상호 안보 보장법을 제정했다(1951년). 앞으로는 경제적인 측면뿐만 아니라 군사적인 측면에서도 지원해 서유럽의 재무장을 후원하자는 내용이었다. 이로써 어디까지나 경제 지원이었던 마셜 플랜은 사실상 종료되고, 미국의 대외 지원 방침은 점차 경제와 군사의 측면이 섞인 복합적인 형태로 이행되어 갔다.

베트남 전쟁
미국이 패배한 유일한 전쟁

베트남 전쟁은 아시아에서의 미국과 공산주의의 대립을 상징하는 전쟁이다. 그리고 동시에 미국이 사실상 패배했으며 두 나라 모두 오랫동안 전쟁의 후유증에 시달리게 된 전쟁이기도 하다.

베트남은 제2차 세계대전 후인 1945년에 독립을 선언했고, 9월에 호찌민(1890~1969)을 대통령으로 하는 베트남민주공화국을 수립했다. 그러나 프랑스는 제2차 세계대전 이전처럼 식민지로 삼고자 베트남을 공격했고, 1946년에 인도차이나 전쟁이 발발한다. 프랑스는 강한 지지를 받고 있는 호찌민 정권에 대항하기 위해 괴뢰 정권인 베트남국을 수립한다(1949년). 그러나 전쟁은 장기화되었고, 8년 후인 1954년에야 비로소 휴전 조약인 제네바 협정이 체결된다.

제네바 협정의 결과, 북위 17도선이 베트남공화국과 베트남민주공화국의 남북 휴전선이 되고 프랑스군은 철수하게 되었다. 프랑스의 괴뢰 정권이었던 베트남국은 베트남공화국 그리고 제네바 협정의 성립과 함께 소멸했다. 그런데 인도차이나 전쟁에 참전했던 미국은 제네바 협정의 최종 선언에 참여하지 않고 프랑스를 대신해 베트남에 강하게 간섭하기 시작한다. 베트남민주공화국과 중국 등 잇달아 사회주의 국가가 탄생하자 아시아 일대의 공산화를 우려한 것이다.

인도차이나 전쟁이 종결된 후 남베트남에서는 미국이 지원하는 정권의 독재 정치가 시작되었다. 제네바 협정에는 1956년에 통일 선거를 한다는 규정도 포함되어 있었지만 남베트남은 이를 거부했다. 그러자 1960년, 그런 남베트남 정권에 반대하는 사람들이 남베트남민족해방전선을 조직한다. 반(反)남베트남, 반미를 외치는 이 조직은 노동당부터 농민, 학생에 이르기까지 폭넓은 계층의 사람들로 구성되어 있었다.

이렇게 해서 베트남은 남북의 내전 상태(그림 5-4)가 되는데, 아시아가 연쇄적으로 공산화되는 사태를 막고 싶었던 미국은 북베트남의 베트남 통일을 저지하기 위해 남베트남에 대한 지원을 한층 강화한다. 그러나 북베트남과 남베트남민족해방전선을 상대하는 남베트남 정권은 점점 지지를 잃으며 약체화되어 갔다.

그러자 미국은 1965년부터 북베트남에 대한 공습(북폭)을 시작하고 지상군도 속속 투입했다. 최종적인 수는 50만 명에 이르렀으며, 이

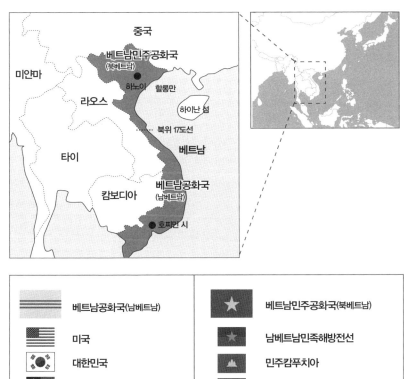

中国

베트남민주공화국
(북베트남)

미얀마

라오스

하노이   할롱만

하이난 섬

북위 17도선

타이

베트남

캄보디아

베트남공화국
(남베트남)

호찌민 시

베트남공화국(남베트남)		베트남민주공화국(북베트남)
미국		남베트남민족해방전선
대한민국		민주캄푸치아
타이완	VS	파테트라오
오스트레일리아		소비에트연방
필리핀		중화인민공화국
타이		조선민주주의인민공화국
뉴질랜드		
크메르공화국		
라오스왕국		

그림 5-4 베트남 전쟁 : 남북 베트남과 이들의 지원국

들은 베트남의 수많은 마을을 파괴했다. 베트남의 남북통일을 둘러싼 내전에 미국이 참전한 것이다.

한편 북베트남은 중국과 소련의 대대적인 지원을 받고 있었다. 또한 그런 북베트남의 지원을 받는 남베트남민족해방전선은 북폭이 계속되는 가운데 지상에서 미군에 대한 격렬한 게릴라전을 펼쳤다. 비전투원과 일반 주민까지 게릴라전에 휘말려 무수한 희생자가 발생했지만, 남베트남민족해방전선의 세력은 오히려 더욱 커져만 갔다. 지역 물정에 밝은 게릴라를 상대로 미군은 고전했고, 베트남 전쟁은 점점 수렁 속으로 빠져들었다.

그런 가운데 미국 국내뿐만 아니라 세계적으로도 반전 여론이 들끓었다. 점점 거세져 가는 세계적인 반전 여론에 밀린 미국은 결국 1968년에 북폭을 중지하고 화평 교섭을 시작한다. 그리고 1973년에 파리 회담에서 평화 협정이 체결됨으로써 미국은 베트남에서 철수하게 되고, 내전은 1975년에 종결된다. 미국이 개입함으로써 수렁에 빠져들었던 베트남 전쟁은 결국 캄보디아, 남베트남, 라오스에서 남베트남민족해방전선 세력의 승리로 막을 내린다.

1976년, 남북을 통일한 베트남사회주의공화국이 수립되고 캄보디아와 라오스도 각각 사회주의 국가로 독립한다. 미국과 베트남이 베트남 전쟁에서 치른 희생은 이루 헤아릴 수 없을 만큼 컸다. 미군의 고엽

제 살포와 수많은 비인도적 잔학 행위, 베트남에서 귀환한 미군 병사들의 정신적 외상 등은 전쟁의 참혹함을 사람들에게 각인시켰다. 또한 독립전쟁 이후 승리를 거듭해 왔던 미국에 베트남 전쟁의 패배는 매우 커다란 정신적 충격이었고, 이로 인해 베트남 증후군이라고 부르는 사회 불안이 발생했다. 어쨌든 미국이 패배한 유일한 전쟁으로 알려지게 된 베트남 전쟁은 동아시아에서 공산 세력에 대항하는 미국에 뼈아픈 실패였다.

쿠바 위기

대립에서 대화로, 미소 관계의 미묘한 변화

1962년의 쿠바 위기는 냉전기에 세계를 가장 긴장시켰던 사건이다. 쿠바에 미사일 기지를 건설한 소련과 미국이 일촉즉발의 상태가 되어 자칫하면 세계 규모의 핵전쟁으로 발전할 수 있었다. 미국 국민으로서는 핵전쟁의 현실감을 피부로 느꼈던 사건이며, 동서가 세계 규모의 위기를 회피하기 위해 대화하는 계기가 된 사건이기도 하다.

1959년의 쿠바 혁명을 통해 카스트로(1926~2016)는 미국 자본의 지지를 받은 정권을 타도하고 혁명 정권을 수립했다. 그러나 미국은 농지개혁과 외국 회사의 몰수 또는 국유화를 추진하는 카스트로에 반발해 쿠바와의 외교를 단절했다. 그런 가운데 카스트로는 사회주의를 선언하고 소련에 접근한다. 미국으로서는 이미 태평양을 장악하고 NATO의 결성에 관여하는 등 소련 포위망을 완성했다고 생각했는데 코앞에

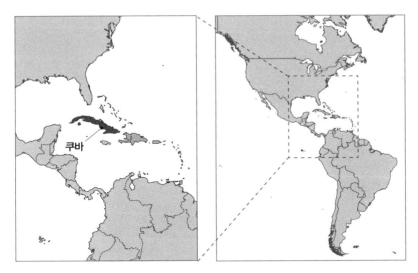

그림 5-5 쿠바 위기 : 쿠바의 위치

사회주의 국가가 탄생해 버린 것이다.

　한편 소련으로서는 미국을 견제하기에 쿠바만큼 유리한 장소가 없었다. 쿠바에 군사 기지를 배치하면 미국 전역이 중거리 탄도 미사일의 사정거리 안에 들어간다(그림 5-5). 당시 미국과 소련의 핵무장 규모에는 큰 격차가 있었다. 그런데 만약 소련이 쿠바에 미사일 기지를 건설한다면 미국과의 차이를 단숨에 좁히는 정도가 아니라 형세를 역전시킬 가능성조차 있었다. 미국의 눈앞에 총구를 들이밀 수 있었던 것이다. 쿠바 위기는 이런 상황 속에서 발생했다.

　1962년 10월 14일, 미국 공군이 쿠바에서 건설 중인 미사일 기지를 발견했다. 미국의 케네디(1917~1963) 대통령은 소련이 쿠바에 미사일 기지를 건설하고 있다는 것을 국민에게 밝히는 동시에 쿠바로부터의 공격은 곧 미국에 대한 소련의 공격으로 간주하겠다고 선언했다. 또 대륙 간 탄도 미사일과 폭격기를 전투태세에 돌입시키고 쿠바가 그 이상 군비를 확충하지 못하도록 쿠바 해상을 봉쇄했다.

그 무렵 소련에서는 이미 미사일을 실은 함대가 출항한 상태였다. 만약 미국의 해상 봉쇄를 돌파하려 한다면 미국과 소련, 나아가 전 세계가 핵전쟁에 휘말릴 수 있었다. 그러나 10월 28일, 긴박한 정보전과 교섭 끝에 이 위기는 최악의 사태를 모면한다. 터키에 배치한 미국 미사일의 철수와 쿠바에 대한 비개입을 조건으로 소련이 쿠바에서 미사일 기지를 철거하기로 한 것이다. 이렇게 해서 15일 동안 계속되었던 쿠바 위기가 수습되었다.

핵전쟁의 가능성을 실감한 세계에서는 반핵을 외치는 목소리가 더욱 강해졌다. 그리고 무엇보다도 당사자인 미국과 소련이 핵전쟁의 위험성을 피부로 느낌에 따라 양국의 대립관계에 미묘한 변화가 찾아왔다. 긴급한 상황이 발생했을 때 양국 정상이 직접 대화할 수 있는 핫라인이라는 통신 회선이 설치되었고, 그와 동시에 언젠가는 핵 개발에 제동을 걸 필요가 있다는 공통의 인식에 도달한 것이다.

중동과 미국

걸프 전쟁, 아프가니스탄 전쟁, 이라크 전쟁

세계대전부터 냉전의 시대, 그리고 현대에 이르기까지 미국은 일관되게 세계의 경찰을 자임해 왔다. 자유와 민주주의를 수호한다는 대의 아래 미국은 공산주의를 봉쇄하려 해왔다. 그리고 이 대의와 표리를 이뤘던 것이 태평양과 라틴아메리카라는 이권이다. 그래서 미국은 한반도, 베트남, 쿠바에 적극 개입했던 것이다.

걸프 전쟁을 시작으로 한 중동 개입도 마찬가지다. 미국은 강력한 군사력을 보유한 군사 독재 정권의 중동 국가를 적국으로 간주하고 자유와 민주주의라는 이름 아래 테러와 대량살상 무기의 근절을 명분으로 내세워 전쟁을 벌였다. 그러나 민주화라는 명목의 지배와 석유 이권이 실질적인 목적이었던 것으로 평가되고 있다.

중동에 대한 미국의 무력 개입을 대략적으로 살펴보자(그림 5-6).

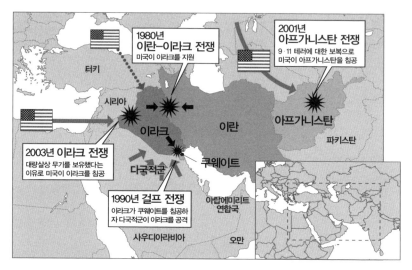

그림 5-6 중동과 미국

아마도 걸프 전쟁이 제일 먼저 떠오를 터인데, 그 근원에는 1980년의 이란-이라크 전쟁이 있다. 1979년, 이란에서 이슬람 지도자의 주도로 이란 혁명이 일어난다. 이 혁명으로 팔레비 왕조가 쓰러지고, 이란은 이슬람 회귀로 크게 방향을 전환한다. 그런 이란을 위험시한 미국은 '적의 적은 친구'라는 말처럼 이란과 적대관계였던 이라크에 대규모 무력 지원을 실시했다. 그러나 이란-이라크 전쟁은 교착 상태가 계속되다 1988년에 정전 협정을 통해 막을 내렸다. 이후 전쟁으로 경제가 피폐해진 이라크는 국가를 재건하기 위해 쿠웨이트의 유전에 눈독을 들인다. 다시 말해 미국이 뿌린 씨앗이 이라크의 쿠웨이트 침공을 초래했고, 나아가 걸프 전쟁을 유발한 것이다.

　1990년 8월, 이라크는 유전을 얻기 위해 쿠웨이트를 무력 점령한다. 영국 식민지 시절에 분단되기 전까지는 쿠웨이트가 자국의 영토였다는 것이 이라크의 주장이었다. UN이 이라크에 무조건 철수를 요구했지만 이라크는 이를 무시했다. 이에 부시 정권의 미국은 자국군을 중심으로 한 다국적군을 결성해 이라크로 진격한다. 다국적군은 이라크군을 압도했지만, 국제 여론의 흐름은 미국이 자국에 해가 되는 나라의 주권을 침해하고 무력으로 점령했다는 쪽으로 흘러갔다. 이것은 UN의 이념에도 어긋나는 행위였기 때문에 국제 여론은 부시에게 더욱 비판적이 되었다. 이라크는 금방 패배를 인정했는데, 단기전으로 끝난 덕분에 무력을 보존할 수 있었다. 그리고 이것은 훗날 벌어지는 이라크 전쟁에서 미국의 장해물이 된다.

　세계의 경찰을 자칭하는 미국의 중동에 대한 무력행사는 각지에서 반미 감정을 유발했다. 특히 아랍권의 반미 감정은 더욱 커져서, 2001년의 9·11 동시 다발 테러로 이어진다. 미국이 아프가니스탄을 침공한 계기가 된 사건이다. 동시 다발 테러를 통해 미국은 적을 '이슬람 원리주의'와 '테러'로 명확히 규정했다. 그리고 당면 목표를 이슬람 원리주의 조직인 알카에다의 리더 오사마 빈 라덴(1957~2011)으로 특정하고 2001년 10월에 알카에다의 주요 활동 지역이었던 아프가니스탄에 대한 공격을 시작한다.

아프가니스탄의 탈레반 정권은 과격한 이슬람 원리주의 정권이었다. 미국은 아프가니스탄 침공에 대한 국제적 논란이 계속되는 가운데 불과 2개월 만에 탈레반 정권을 제압했다. 그 후 UN의 주도로 아프가니스탄 부흥 지원이 시작되고 잠정 정부가 수립되지만, 중동에서는 반미 감정이 한층 고조되었으며 아프가니스탄 또한 여전히 안정을 되찾지 못하고 있다.

중동에 대한 미국의 무력 개입은 아프가니스탄을 제압한 뒤에도 계속되었다. 이란, 이라크, 그리고 북한까지도 '악의 축'이라고 부른 미국은 대량살상 무기를 보유하고 있다는 의혹을 제기하며 이라크에 대한 사찰을 강행하려 한다. 그러나 이라크가 계속 사찰을 거부하자 2003년 3월에 미국이 주체가 된 다국적군이 이라크에 공습을 시작했고, 이렇게 해서 이라크 전쟁이 시작되었다.

전쟁의 명분은 대량살상 무기를 발견하고 테러를 박멸한다는 것이었다. 그런데 전쟁의 중간보고를 통해 이라크 국내에는 대량살상 무기가 존재하지 않음이 밝혀진다. 미국도 이를 인정할 수밖에 없었고, 이로써 이라크 전쟁의 대의명분은 사라졌다. 그러나 미국은 '이라크의 민주화를 위해서'라며 군대를 계속 주둔시켰다.

처음에 이라크 국민은 후세인 정권이 쓰러진 것을 환영했지만, 한편으로는 반미 감정이 높아지면서 반미 무장 세력의 테러와 전투가 빈발하기 시작한다. 후세인 정권과의 싸움이었어야 할 이라크 전쟁이 대의명분을 잃음에 따라 이라크 국민을 상대로 한, 출구가 보이지 않는 싸움으로 변질된 것이다. 이 전쟁은 미국이 대량살상 무기에 대한 오인을 인정하고 부시에 이어 대통령이 된 오바마가 2011년에 이라크로부터의 완전 철수와 종전을 선언할 때까지 계속되었다. 이와 같이 미국은 정의라는 이름 아래 중동에서 전쟁을 벌여왔다. 이것은 때로 '수렁에 빠졌다'고밖에 말할 수 없는 사태를 낳기도 했지만, 그 근원이 자신들이 뿌렸던 씨앗이라는 사실은 지적하지 않을 수 없다.

1979년, 소련이 아프가니스탄을 침공했다. 이에 대해 카터 대통령의 미국은 별다른 반응을 보이지 않았지만, 레이건(1911~2004)이 대통령이 된 뒤에는 태도를 바꿔서 관여하기 시작한다. 아프가니스탄에서 싸우는 소련군이 열세에 놓이도록 이슬람 원리주의 조직을 포함한 아프가니스탄의 민병대와 의용병들에게 고성능 무기를 제공한 것이다. 그결과 소련은 아프가니스탄에서 철수하게 되지만, 이것으로 상황이 종결된 것은 아니었다.

소련을 몰아낸 것은 이슬람 원리주의자들이 지하드를 벌이는 자신들의 정의가 증명되었다고 생각하기에 충분한 성과였다. 그 후 이슬람 세계에서는 각지에서 크고 작은 원리주의 조직이 형성되어 지하드 전사가 양성되기 시작했고, 미국은 중동에서 지하드 전사들의 게릴라 전과 테러에 고통받아 왔다. 그러나 이것은 따지고 보면 1980년대에 소련을 궁지에 몰아넣기 위해 구사했던 전략이 부메랑이 되어 자신들에게 돌아온 것이라고도 할 수 있다.

제6장

동북아의 현재와 미래

국제사회의 기본 자세

지금까지 중국, 러시아, 유럽, 미국이라는 네 가지 관점에서 전쟁의 역사를 대략적으로 살펴봤다. 전쟁은 '더 넓은, 더 좋은 영토를 갖고 싶다'라는 한 가지로 집약된다. 다시 말해 국가는 더 많은 부富를 추구하며 영토 확대를 갈망해 왔다. 만약 지금 보유한 토지에서 국민들이 아무런 불만이나 불편함 없이 살 수 있고 먹고사는 데 전혀 지장이 없는 상황이라면 굳이 에너지를 쏟아 부어서 영토를 확대하려는 생각은 하지 않을 것이다. 지금 보유한 토지만으로는 너무 좁고, 지금 보유한 토지에서 수확할 수 있는 작물만으로는 부족하기 때문에 다른 사람들이 살고 있는 토지를 탐을 낸다. 물론 달라고 부탁한다 해서 얻을 수 없다는 것은 잘 알고 있으므로 힘으로 빼앗으려 한다. 한편 그런 야심의 표적이 된 쪽도 일방적으로 토지를 빼앗길 수는 없으므로 무력으로 맞서려 한다. 이렇게 해서 전쟁이 일어난다. 한 나라가 다른 나라를 공격하고, 공격받은 쪽이 응전한다. 지금까지 인류는 이런 전쟁을 수없이 반복해 왔다.

다만 국제사회의 기본 자세는 이제 부전不戰이 되었다. 전쟁을 유리하게 이끌려면 먼저 공격하는 것이 최선이다. 먼저 공격해 온 적을 격퇴하려면 맹렬하게 반격해야 하는데, 부전을 위해서 해야 할 일은 상대가 공격을 망설이게 하는 것이다. 그러므로 만약 공격을 받는다면 맹렬하게 반격할 능력이 있음을 보일 필요가 있다. 요컨대 싸워서 자신을 지키기 위함이 아니라 싸우지 않고 자신을 지키기 위해 철저히 무장해야 하는 것이다.

이쪽의 실력이 별 볼 일 없다고 판단하면 상대는 승산이 있다고 보고 선제공격을 할 것이다. 요컨대 얕보이면 공격당한다는 말이다. 잔인한 논리이지만 이것이 국제 정치의 현실이다. 그래서 타국의 위협을 느끼고 있는 나라는 군비를 강화해 '우리를 공격했다가는 큰 코 다칠 줄 알아라'라는 자세를 보인다. 동맹국을 만들어서 '우리를 공격하면 동맹관계에 있는 A국이나 B국과 손을 잡고 반격하겠다'는 암묵의 경고를 보낸다. 이런 견제 효과를 통해 돈과 인력을 낭비하는 전쟁을 피하려 하는 것이 오늘날 국제사회의 추세다.

부전이 기본 자세가 되었다고는 하지만 제국주의적 야심을 숨기려 하지 않는 나라는 여전히 존재한다. 그래서 지금도 이런 견제 활동이 필요하다. 견제를 통해 서로 거의 같은 힘으로 미는 균형 상태에서는 아무 일도 일어나지 않는다. 그러나 일단 어느 한쪽이 물러서면 다른 쪽은 강하게 밀어붙인다. 약점이나 빈틈을 발견하면 단번에 물어뜯는다. 자국이 부전을 맹세해도 그렇지 않은 나라가 존재한다면 대항책을 강구해야 할 경우도 당연히 있을 수밖에 없다.

지금부터 이와 같은 관점에 입각해 동북아의 현재와 미래를 생각해 보려 한다. 지정학적 리스크도 포함해서 생각하면 과연 동북아는 앞으로 어떻게 될까? 지정학적 이해에 따라 행동하는 상대에는 어떻게 대응해야 할까?

지정학적 리스크 측면에서 보는
집단적 자위권 논란

최근 들어 논란이 되고 있는 집단적 자위권을 이 책에서 살펴본 지정학적 관점과 국제 정치의 기본 논리로 살펴보자. 동맹은 서로 돕고 돕는 관계다. '동맹국이 공격을 받으면 힘이 되어 준다'라는 약속을 서로 교환하지 않고는 성립하지 않는다. 다시 말해 만약 동맹이 공격을 받는다면 반격을 도울 용의가 있음을 보여줄 때 비로소 대등한 동맹관계가 성립된다. 그래야 영토 확장의 야심을 가진 나라에 대한 견제 기능도 작동한다.

전쟁의 상관관계 프로젝트COW: the Correlates of War Project. http://www.correlatesof war.org/의 데이터에 따르면 1,000명 이상의 전사자를 낸 군사 충돌을 전쟁으로 정의할 경우 제2차 세계대전 이후 지금까지 38건의 전쟁이 일어났는데, 그중 무려 15회가 아시아에서 일어났다(표 6-1 어둡게 칠한 부분 참조).

전쟁명	개전(년)	종전(년)
제1차 인도-파키스탄 전쟁	1947	1949
제1차 중동 전쟁	1948	1949
한국전쟁	1950	1953 ※휴전
제1차 타이완 해협 위기	1954	1955
제2차 중동 전쟁	1956	1956
헝가리 혁명	1956	1956
이프니 전쟁	1957	1957
제2차 타이완 해협 위기	1958	1958
중국-인도 국경 분쟁	1962	1962
후기 베트남 전쟁	1965	1973
제2차 인도-파키스탄 전쟁	1965	1965
제3차 중동 전쟁	1967	1967
후기 라오스 내전	1968	1973
소모전(이집트-이스라엘)	1969	1970
축구 전쟁	1969	1969
캄보디아 내전	1970	1993
제3차 인도-파키스탄 전쟁	1971	1971
제4차 중동 전쟁	1973	1973
터키의 키프로스 침공	1974	1974
앙골라 내전	1975	2002
오가덴 전쟁	1977	1978
캄보디아-베트남 전쟁	1977	1989
우간다-탄자니아 전쟁	1978	1979
중국-베트남 전쟁	1979	1979
이란-이라크 전쟁	1980	1988
포클랜드 전쟁	1982	1982
레바논 전쟁	1982	1982
도요타 전쟁	1986	1987
중국-베트남 국경 분쟁	1987	1987
걸프 전쟁	1991	1991
보스니아 전쟁	1992	1995
나고르노카라바흐 전쟁	1988	1994
세네파 전쟁	1995	1995
에티오피아-에리트레아 국경 분쟁	1998	2000
코소보 전쟁	1996	1999
카르길 전쟁	1999	1999
아프가니스탄 전쟁	1978	현재까지
이라크 전쟁	2003	2003

(자료) Correlates of War Project / 일부 다른 자료

표 6-1 제2차 세계대전 이후 일어난 전쟁

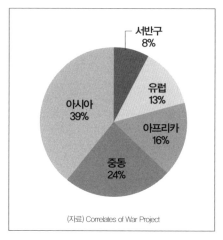

(자료) Correlates of War Project

그림 6-1 제2차 세계대전 이후 전쟁이 일어난 지역

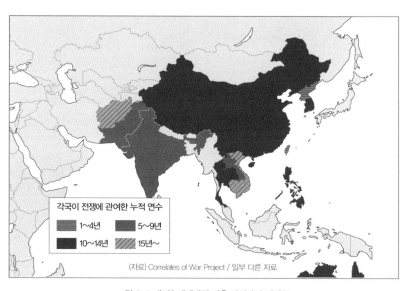

그림 6-2 제2차 세계대전 이후 아시아의 전쟁국

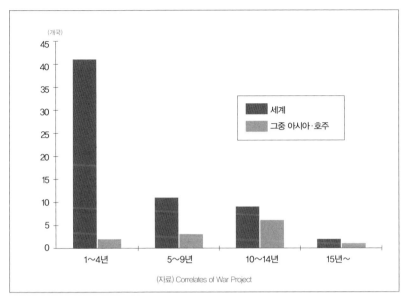

(개국)

45

40

35

30

25

20

15

10

5

0

■ 세계
■ 그중 아시아·호주

1~4년   5~9년   10~14년   15년~

(자료) Correlates of War Project

그림 6-3 전쟁국의 분포

그림 6-1의 원그래프를 봐도 알 수 있듯이, 현대의 아시아는 틀림없이 세계에서 가장 전쟁이 많은 지역이다. 또한 아시아 국가들이 전쟁에 관여한 햇수를 보면 베트남, 중국, 한국, 필리핀, 타이, 캄보디아가 10년 이상을 기록했는데(그림 6-2, 그림 6-3), 모두 동북아에 있거나 상당히 가까운 위치에 있는 나라들이다.

물론 러시아가 반강제로 크림 자치공화국을 병합한 경위도 있어서 흑해 연안 역시 결코 안정적이라고는 말할 수 없다. 중동에는 민주화 운동인 '아랍의 봄'이 진흙탕 내전으로 발전한 나라도 있으며, 이슬

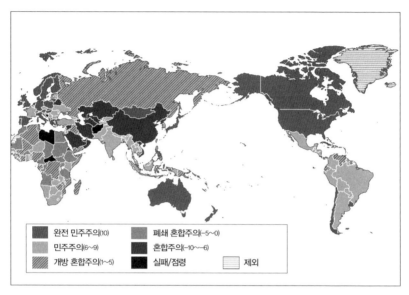

그림 6-4 세계의 민주도를 나타내는 지도

람 과격파 조직 '이슬람국가'가 수많은 폭거를 자행하고 있다. 이와 같이 리스크는 세계 각지에 있지만, 제2차 세계대전 이후에 일어난 전쟁의 수를 보면 현재 가장 리스크가 큰 지역은 아시아라고 할 수 있다.

그렇다면 왜 아시아에서 분쟁이 많이 일어난 것일까? 이것은 완전한 민주주의를 10이라고 했을 때 세계 각지의 민주도民主度를 나타낸 지도와 대조해 보면 한눈에 알 수 있다. 아시아에서는 '완전 민주주의'로 분류된 나라가 적다(그림 6-4). 앞에서도 언급했듯이, 민주주의 국가 사이에서는 전쟁이 일어날 가능성이 낮다는 국제 정치 이론이 있다. 즉,

아시아에서 전쟁이 많은 이유는 아시아에 민주주의 국가가 적기 때문이라고 할 수 있다. 반대로 이미 민주화가 진행되고 정착된 유럽에서는 앞으로 전쟁이 일어날 가능성이 매우 낮다고 할 수 있다. 위험 요소를 꼽자면 러시아가 있겠지만, 그래도 아시아의 낮은 민주도, 많은 전쟁 횟수에 비하면 훨씬 사정이 낫다.

제2차 세계대전 이후 민주도가 낮은 아시아는 전쟁이 많은 지역이 되었으며, 게다가 주위에는 전쟁 관여국이 많다. 이 부정할 수 없는 사실 앞에서 우리는 방위에 관해 좀 더 현실적으로 생각해야 한다. '개별적 자위권이라면 괜찮지만 집단적 자위권은 안 된다'는 주장도 있는데, 국제 상식에서는 집단을 이루어 서로를 보호하는 것이 자위권의 전제이며, 개별과 집단의 구별 없이 자기방어self-defense라고 말한다.

2001년에 출판된 『삼각구도 평화Triangulating Peace』라는 책이 있다. 이것은 브루스 러셋과 존 오닐이라는 학자가 방대한 전쟁 데이터를 바탕으로 '민주주의 국가끼리는 거의 전쟁을 하지 않는다'라는 민주적 평화론을 실증한 책이다. 이 책에 따르면 동맹관계의 강화는 전쟁의 리스크를 감소시킨다. 좀 더 구체적으로는 다음과 같은 비율로 전쟁 리스크가 감소한다고 한다.

- 확고한 동맹관계를 맺었을 때 40퍼센트

- 상대적인 군사력이 일정 비율 증가했을 때 36퍼센트

- 민주주의의 정도가 일정 비율 증가했을 때 33퍼센트

- 경제적 의존관계가 일정 비율 증가했을 때 43퍼센트

- 국제적 조직 가입이 일정 비율 증가했을 때 24퍼센트

간단히 말하면 이렇다. 독립국으로 존재하기에 부족함이 없는 군사력을 갖춰 견제 효과를 높이고, 확고한 동맹관계를 맺으며, 민주주의 국가끼리 자유 무역을 실시하는 관계를 구축하고, UN에 가입한다. 이렇게 하면 세계의 전쟁 리스크는 크게 낮아진다는 말이다.

참고로, 국제 정치에서는 동맹과 군사력을 강조하는 것을 리얼리즘, 민주주의와 무역 의존, 국제기관을 강조하는 것을 리버럴이라고 부르며 평화를 모색하기 위한 대표적인 사고방식으로 여겨왔다. 리얼리즘과 리버럴 중 어느 쪽이 옳은가는 오랫동안 대립하고 논쟁해 온 주제인데, 전쟁 데이터를 바탕으로 한 실증 분석 결과 양쪽 모두 옳았음이 밝혀졌다.

졸저 『한심한 외교론バカな外交論』에서 필자는 외교란 곧 '안전 보장과 무역에 관해 대화를 나누는 것'이라고 말했다. 러셋과 오닐이 제시한 동맹관계, 군사력, 민주주의, 경제적 의존관계도 결국은 안전 보장과 무

	W : 불측	P : 통상
C : 개별적 자위권	3	247
+ 집단적 자위권	(4)	(246)
I : 개별적 자위권	3	147

※ 괄호 안은 집단적 자위권에 반대하는 측의 주장

표 6-2 집단적 자위권에서의 예측하지 못한 사태

역(자유 무역)을 세분화한 것이다. 그러므로 데이터 분석을 통해 국제관계의 기본을 구체적인 수치로 나타낸 것이라고 할 수 있다.

이번에는 확률론에 입각한 수치도 살펴보자. 예기치 못한 사태, 즉 전쟁이 일어나는 경우의 확률을 계산해 보겠다. 개별적 자위권만으로는 총 150가지 경우 가운데 예측하지 못한 사태가 되는 경우가 3, 통상적인 경우가 147이라고 하자. 집단적 자위권에 반대하는 측의 주장을 숫자로 환산했을 때 개별적 자위권에 집단적 자위권을 더하면 예기치 못한 사태가 되는 경우는 4, 통상적인 사례는 246이 된다(표 6-2). 물론 이것은 자의적인 설정이 아니라 실제 데이터를 반영한 것이다.

이것은 다음과 같은 단순 계산으로 알 수 있다. 개별적 자위권만 있을 경우, 예기치 못한 사태가 되는 경우는 총 150개 중 3개다. 그렇다면 전쟁 리스크는 2퍼센트라고 할 수 있다. 한편 집단적 자위권을 추가한 상태에서는 총 250개 중 4개이므로 예기치 못한 사태가 발생할 리스크는 1.6퍼센트로 낮아지게 된다. 요컨대 집단적 자위권을 행사하고 동맹관계를 강화하면 전쟁의 리스크가 저하된다는 러셋과 오닐의 실증 결과를 구체적인 수치로 바꾼 것임을 알 수 있다.

그럼에도 일부에서는 집단적 자위권의 행사를 용인하면 전쟁 리스크가 높아진다고 주장하고 있다. 분명히 경우의 수를 똑같이 250으로 놓고 비교하면 집단적 자위권을 행사했을 때 예기치 못한 사태, 즉 전쟁이 일어나는 경우가 3에서 4로 증가한다. 이렇게 보면 집단적 자위권을 행사할 경우 전쟁 리스크가 높아지는 것처럼 보인다.

개별적 자위권만 있으면 경우의 수는 더 적지만 리스크는 더 높다. 한편 집단적 자위권이 있으면 경우의 수는 더 많지만 리스크는 더 낮다. 표 6-2를 가지고 말하면 3/250과 4/250이 아니라 3/150과 4/250을 비교해야 하는 것이다. 그것이 앞에서 이야기한 계산이며, 진짜 전쟁 리스크는 2퍼센트에서 1.6퍼센트로 낮아진다. 지금까지의 방대한 전쟁 데이터를 통한 실증 분석에서는 집단적 자위권의 행사가 전쟁을 미연에 방지하는 효과가 있음이 확인되었다.

또한 '자위대의 집단적 자위권 행사의 최초 사례는 남수단의 PKO'라고 말하는 식자나 언론이 많다. 이것은 안보법의 제정으로 가능해진 출동 경호를 현재 자위대를 파견한 남수단의 PKO(UN 평화 유지 활동)의 임무에 추가한 데 대한 반응이다. 이런 사람들은 집단적 자위권과 집단 안전 보장의 차이를 이해하지 못하고 있다고 본다.

집단적 자위권은 각국이 행사하는 자위권이며, 집단 안전 보장은 UN이 행사하는 것이다. UN이 집단 안전 보장을 행사하기 전에는 각국의 자위권으로 대처할 수밖에 없으므로 각국의 집단적 자위권은 UN의 집단 안전 보장까지의 공백을 메우는 장치다. UN의 집단 안전 보장이 경찰, 집단적 자위권이 개인의 정당방위라고 생각하면 쉽게 이해가 될 것이다. PKO는 그 이름처럼 UN의 집단 안전 보장이다.

집단적 자위권을 행사하면 전쟁의 리스크가 높아진다고 주장하는 사람도 많은 듯한데, 앞에서도 말했듯이 확고한 동맹관계의 전제는 유사시에는 서로를 보호한다는 약속, 즉 집단적 자위권이다. 집단적 자위권은 강한 동맹관계를 만들어둠으로써 견제 효과를 높여 전쟁을 회피하는 장치로 봐야 한다. 여전히 더 넓은, 더 좋은 영토를 얻기 위해 무력에 호소할 가능성이 있는 나라에 대비해 신뢰할 수 있는 동맹국과 함께 집단으로 서로를 지키는 자세를 보이는 것은 자기방위의 기본인 것이다.

최대의 위협

제2차 세계대전 이후 아시아는 전쟁 리스크가 가장 큰 지역이 되었다. 그런 아시아에서 최대의 위협이 되는 나라는 어디일까? 적신호로 분류되는 나라가 중국과 북한임은 굳이 말할 필요도 없을 것이다. 특히 중국의 위협은 무시할 수 없다. 사실 중국에 대한 일본 자위대의 스크램블(긴급 출동)은 2013년까지 5년 사이 급격히 증가했다(그림 6-5). 또한 중국 어민에게는 의사疑似 해군의 일면도 있다는 이야기가 있다. 요컨대 중국 정부가 어민들에게 해군에 필적하는 임무를 부여하고 있다는 말이다. 그러나 실질적으로는 해군이나 다름없다 해도 표면적으로는 어민이기에 군사적으로 대응할 수가 없다.

민주적 평화론에 입각해서 생각해 봐도 역시 중국은 민주주의 국가보다 전쟁을 일으킬 가능성이 큰 나라, 위협이 되는 나라라고 봐야

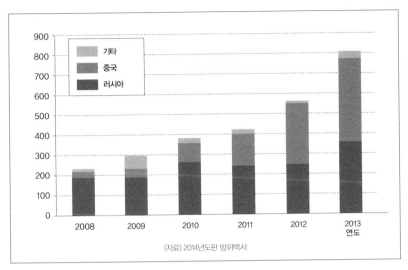

그림 6-5 일본 자위대의 긴급 출동 상대국

한다. 왜 이렇게까지 중국을 위험시하는 것일까? 그 이유는 한 가지다. 중국이 거대한 독재주의 국가이기 때문이다. 모든 것이 공산당, 나아가서는 공산당의 최고 권력자인 국가 주석의 뜻에 결정된다고 해도 과언이 아니다. 대항하는 정당도 없으며 정부를 규제하는 헌법도 없다.

중국은 입헌주의 국가가 아니라고 말하면 "중국에도 헌법이 있는데?"라고 반론하는 사람이 있다. 분명히 중국에도 헌법은 있다. 그러나 문제는 그 내용이다. 원래 헌법은 한 나라의 최고 법규다. 일본 헌법에도 "이 헌법은 국가의 최고 법규이며, 그 조규에 반하는 법률, 명령, 조칙 및 국무에 관한 기타 행위의 전부 또는 일부는 그 효력을 갖지 못한다"라고 명시되어 있다. 요컨대 개인은 물론이고 국가도 헌법의 제약을 받으며, 설령 국가를 움직이는 정부라 해도 헌법을 위반해서는 안 된다는 말이다. 어떤 정당이 정권을 잡든 헌법의 규제 속에서 정치를 해야 한다.

그런데 중화인민공화국 헌법의 전문前文에는 네 가지 기본 원칙이라는 것이 제정되어 있으며, 그중 하나가 당의 지도다. 즉, 국가의 최고 법규인 헌법에 공산당이 국가를 움직이는 것을 정당화하는 내용이 담겨 있다. 헌법이란 본래 정부를 제한하는 것이어야 하는데, 중국의 헌법은 실질적으로 공산당의 일당 독재 체제를 뒷받침하는 존재가 되었다. 이것이 중국은 입헌주의 국가가 아니라고 말하는 이유다. 이런 유명무실한 헌법이 있으니 진정으로 공정한 보통 선거가 실시되지 않는 것이다.

미국과의 안보 체제 유지

앞에서 이야기했듯이, 제1차 세계대전과 제2차 세계대전을 거치면서 미국은 세계에 대한 관여도를 차츰 높여나갔다. 그리고 강력한 경제력과 군사력을 배경으로 국제 정치에서의 지위와 영향력을 높였다. 그런 가운데 자유나 민주화 같은 대의명분 아래 타국에 대한 무력 개입을 한 적도 많았는데, 지금 미국의 자세에 변화가 나타나고 있다.

한때 소련과의 핵전쟁 위기조차 초래했던 냉전은 서방의 자본주의 이데올로기의 승리로 막을 내렸다. 발칸 반도가 혼란에 빠졌을 때는 미국이 NATO군의 중심이 되어 공습을 실시하기도 했지만, 여러 민족이 모여 사는 이 지역도 지금은 비교적 안정을 찾았다. 그 후에는 중동의 분쟁에 개입해 왔는데, 조지 워커 부시가 시작한 이라크 전쟁의 경우는 후임 대통령인 오바마가 철군을 결정했다. 2010년의 튀니

지 혁명을 시작으로 중동 지역에 민주화 운동(아랍의 봄)이 벌어졌을 때
는 2011년에 리비아의 민주화를 지원한다는 명목으로 공습을 실시했
다. 그러나 이후 미국은 앞에서 언급했듯이 2013년에 "미국은 세계의
경찰이 아니다"라고 명언했으며, 과거에 볼 수 있었던 적극적 관여의 자
세가 눈에 띄게 약해졌다. 타국에 무력 개입을 하면 어쨌든 돈을 쓰게
된다. 그래서 재정적으로 어려움을 겪고 있는 미국이 군사비 절감을 목
표로 삼고 있으며 세계의 분쟁으로부터도 조금씩 발을 떼려고 하고 있
는 것이다.

현재 미국의 최대 관심사는 태평양과 대서양 양쪽을 확실히 장악
해 놓는 일일 것이다. 앞에서도 언급했듯이 이제 육상의 군사 거점은
위성에 그대로 노출되어 있다. 따라서 예전부터 영토 확장에는 야심이
없었던 미국으로서는 원자력 잠수함을 자유롭게 배치할 수 있도록 바
다를 장악해 두는 것이 방어의 핵심이 된다. 이 가운데 대서양에는 현
재 별다른 위험 요소가 없다. 근심의 씨앗은 역시 스프래틀리 군도에
서 제멋대로 행동하고 있는 중국이다. 실제로 미 해군의 전투기가 스프
래틀리 군도 상공까지 접근해 중국군이 강력한 경고를 보낸 적도 있었
다. 지금 미국과 중국은 태평양을 둘러싸고 힘겨루기를 벌이고 있다.

2013년에 오바마가 "미국은 세계의 경찰이 아니다"라고 발언한 뒤
로 중국이 조금은 밀어붙이고 있는 느낌인데, 일본 입장에서 보면 센

카쿠 열도부터 오키나와, 나아가 일본 본토까지 확실히 지키기 위해서라도 미국이 너무 밀리지 말아야 한다. 미국의 군사 예산은 2005년경부터 연간 60~70조 엔 정도를 유지해 왔다. 이것을 삭감한다면 일본이 동맹국으로서 내야 하는 금액은 커질 수밖에 없다. 현재 국가 예산의 20분의 1 정도를 차지하는 군사 예산이 더 증가한다면 당연히 일본의 재정은 상당한 압박을 받게 된다. 미국과는 확고한 동맹관계를 유지하면서 군사비 측면과 인원 측면 모두 어디까지나 미국의 주도 속에 협력하는 체제로 태평양에 대한 중국의 야심을 억제해 나가야 한다.

현재 베트남과 필리핀도 중국의 위협에 그대로 노출되어 있다. 이들 국가와도 연계해 중국에 대한 방위망을 구축해야 할 것이다. 이 책을 집필하는 중에도 일본 자위대와 필리핀 해군이 합동 훈련을 했다. 이것도 중국에 대한 일정 수준의 견제 효과는 있을 것이다. 다만 양군의 전력을 합친들 그렇게까지 대단하다고는 말할 수 없다. 미국과의 동맹관계라는 토대 위에서 베트남이나 필리핀과 협력할 때 비로소 중국에 대한 견제도 효과적으로 작용한다. 서로 협력해 미국에도 리스크인 중국을 상대하는 것이 나아가야 할 길이라고 본다.

참고문헌

『한 번 더 읽는 야마카와 세계사(もういちど読む山川世界史)』 야마카와출판사(山川出版社)

『최신 세계 정세 지도(最新 世界情勢地図)』 디스커버21

『라루스 지도로 보는 국제 정세(ラルース　地図で見る国際関係)』 하라서방(原書房)

『그림으로 설명하는 한국전쟁(図説　朝鮮戦争)』 가와데서방신서(河出書房新社)

『러시아 역사 지도(ロシア歴史地図)』 도요서림(東洋書林)

『오스만튀르크사론(オスマン＝トルコ史論)』 요시오카고분칸(吉川弘文館)